U0016877

# 秘魯・玻利維亞
# 手繪旅行

圖・文：張佩瑜　Life & Leisure・優遊

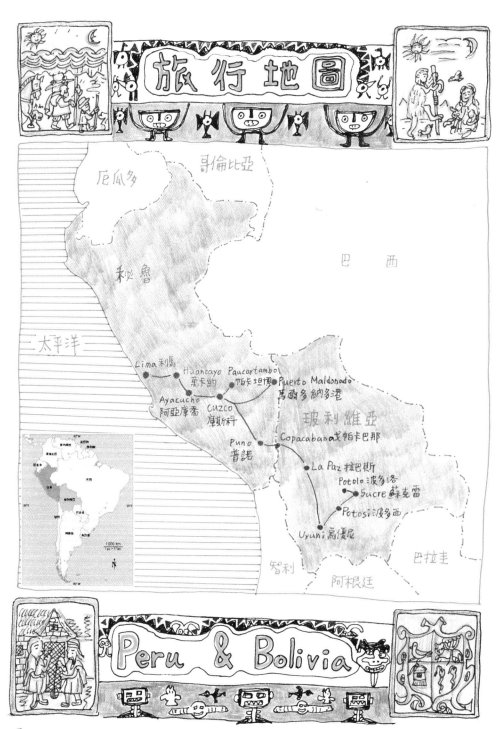

旅行地圖

厄瓜多
哥倫比亞
秘魯
巴　　西
太平洋

Lima 利馬
Huancayo Paucartambo
萬卡約　帕卡坦博
Ayacucho　Puerto Maldonado
阿亞庫喬　馬爾多納多港
CUZCO
庫斯科
玻利維亞
Puno　Copacabana帕卡巴那
普諾
La Paz 拉巴斯
Potolo 波多洛
Sucre 蘇克雷
Potosi 波多西
Uyuni 烏優尼
智利　巴拉圭
阿根廷

Peru & Bolivia

II

這篇是序
我不喜歡寫序！

這篇序，也許是讀者閱讀這本書的開始，卻是我完成這本書的最後一個動作，浸泡在整理稿件的生活中好一段時間了，旅行是很個人的，整理書稿也是一段封閉且孤獨的過程，我很想離開這本書，往下一個階段走去，就像每一段旅行，從不留戀太多，總是頭也不回地移往他方，因為離開同時也是啟程，象徵另一個開始。

我的生活平淡而安逸，然而，平穩的日子過久了，總是渴望出走，迷戀那種在路上流浪的感覺，但是在路途中漂流久了，卻又渴望回到規律的生活軌道中，所以，我不斷出走，也不斷回家。

這本書，是在秘魯及玻利維亞旅行中收集的日常風景，這塊土地之於我，是陌生而迷人的，每個初來乍到的當下，我寫寫畫畫，記錄那珍貴的「一次」，下筆就是一切，透過手中這枝筆，那張在我心中的世界地圖，又拼上了一小塊，寫旅行日記是一種必要的「儀式」啊！呵！該說的，都已經寫在書裡了，請拾起這些片段，嵌入你心中的世界地圖吧！

蒙面人Fish十分懶惰，
這次不幫我寫序了！

是你比較懶惰吧？
懶得自己認真寫。

# 手抄目次

不要睡了，
目次還沒抄完。

IV

報告編輯，
我因為抄目次，得了五十肩！

是滑ipad吧！
看你一直玩！

你不懂啦！

抄目次有這麼累嗎？
要吃這麼多東西！

V

# 關於旅行二、三事...

- 旅行時間：2014年7月及8月，共55天
- 旅行地點：秘魯、玻利維亞
- 費用：總共約135384元

其中，機票 72168 元（因為是飛到地球另一面，很遠，且我太晚訂票，沒便宜可撿）

打預防針 4294 元（我打了黃熱病、破傷風、A型肝炎疫苗，且拿了高山症、瘧疾的藥）

在當地的花費 51328 元（含食衣住行及紀念品）

保險 6215 元

美國ESTA電子旅遊許可 USD 14（約434 元，轉機用）

Skype 儲值 150 元

玻利維亞旅遊書 795 元（秘魯那本是用舊的）

- 當時匯率：1 秘魯索爾（sol）≒ 10.69 台幣（2014年7月）

1 玻利維亞諾（Boliviano）≒ 4.3 台幣（2014年8月）

美金兌換方便，提款 ATM 到處都有

秘魯、玻利維亞花費....

還好學生有發主見！

老師，你把錢算錯了....

VI

上網訂機票！

交稿之後，你最想做的事情是什麼？

- 旅遊書：Lonely Planet 出版的 "Peru" 及 "Bolivia"
- 旅遊路線：Lima 利馬 → Huancayo 萬卡約 → Ayacucho 阿亞庫喬 → Paucartambo 帕卡坦博 → Cuzco 庫斯科 → Puno 普諾 → Copacabana 戈帕卡巴那 → La Paz 拉巴斯 → Uyuni 烏優尼 → Potosi 波多西 → Sucre 蘇克雷 → Potolo 波多洛 → Lima 利馬
- 語言：兩國通行西班牙語，英語只有在觀光景點才通；當地亦通行 Quechua 克丘亞語及 Aymara 艾瑪拉語等印第安方言（克丘亞語分布於高山高原地帶，艾瑪拉語則主要分布於的的喀喀湖附近。）
- 簽證：對台灣人而言，秘魯免簽證，玻利維亞簽證在秘魯的利馬、庫斯科、普諾皆可辦理。
- 電壓與插座：220V，⊙（双圓孔）及回（和台灣同）的插座
- 注意事項：扒手小偷常針對觀光客下手，慣用伎倆是在你身上潑灑東西，再裝好心幫你清理，然後伺機行竊。

才沒有啦！

你開始混版面了！

VII

# 東西，我帶了……

所有的東西好像約好了一起壞掉，
所以這次買了很多新東西……。

舊的双肩背包
壞了，入手一個
小狐狸電腦包，
放電腦的夾層可
以用來放貴重物品

舊的行李箱壞掉了，
這次入手一個60升的
拖背兩用包，以適應
不同的地形環境，非
常好用。

ipad mini

無線硬碟+
無線路由器
功能

SONY相機，有
wifi傳輸功能

通常把相機SD卡的相
片傳到ipad上，整理好再傳
到無線硬碟備份。硬碟
裡存了影片和音樂，晚上
寫日記時我會聽音樂。

護耳毛帽

三年前在庫斯科
買的手織護耳
帽，很民族風。

發熱衣

在前一季入手好幾
件發熱衣，以備
不時之需，既可單
穿，又可穿在毛衣內
禦寒。

居然自備
行李秤！

去程：13kg
回程：23kg

還好多的10公斤
不是體重！

沒位置寫了！

你帶了沒派上用場的旅行用迷你蚊帳，不寫嗎？

之前帶出門的防蚊液都不夠力（簡直是用來開玩笑的），這次聽從醫生指示去買含DEET成份且高濃度的防蚊液。）

高山症及瘧疾預防用藥，瘧疾的藥超多顆，吃好久還吃不完。（可惜不能當零食，哈）（最後有吃完）

之前的吹風機壞了（因我一出門就狂用它......），朋友從日本幫我帶了muji無印良品的旅行用吹風機，是氣質的白色，還有附轉接插頭和袋子。

提款卡，在台灣是用晶片卡，但國外是用磁條卡，出國前先設定了石磁條密碼，但因南美洲發生磁條被側錄盜刷的機率不低，我先把大部份現金轉入定存帳戶，只留少量夠用現金在戶頭，若有急用，再用網路銀行轉入現金。

是吃太多了！

你不覺得你帶太多了嗎？

# 7月1日 (二) 出發

🏠 9:30，離開甜蜜的家
　　　我在計程車上呼呼大睡，實在累到不了。

🚌 10:00，搭上往機場的巴士
　　　高速公路瘋狂大塞車，到底是誰！是誰亂撞車的！

桃園機場 12:10，從大門口狂奔去櫃台，還在樓梯摔倒！櫃台快要關了，
　　　出發前上網預選的位子也被拉掉了，他們說客滿，讓
　　　我升等商務艙，我確認了行李條上的班次及目的地（怕
　　　出錯！上次行李差點被送去非洲），才飛奔去辦保險出關。

日本成田機場 16:15　約3小時飛行中，享受食物與服務，但很擔心行李沒跟上。
　　　只有1小時轉專機時間，因班機遲到，時間顯得急迫。
　　　約13小時飛行，我一路狂睡，哭鬧的嬰兒我都不在意了！

美國達拉斯機場 17:10　只有1小時15分的通關時間，這次搭 AA (American Airlines)
　　　在達拉斯轉機前往利馬，可以免去領行李重掛的麻煩，
　　　且有專人發牌子引導快速通關。
　　　約6小時飛行，我依舊一路大睡特睡。

秘魯利馬機場 00:25　抵達利馬時，是半夜，我到了，但是行李沒到。

好吧！人總是會碰上些什麼吧！凡事總是有第一次，行李箱是
新買的，我想不起它的樣子，但我打包好時有拍了照片，在
櫃台填了單子，留了旅館資料（還好這次有先訂旅館！），不
知道是遺失了？還是沒跟上？他們說行李一到會快遞給我。
處理完行李延誤的文件程序，此刻，半夜三點多，我鎮定（
應該是腦袋空空）地坐在利馬機場的咖啡吧，安靜地
回想這兩天的兵荒馬亂，出發前兩天都在熬夜工作，喘
口氣休息時，才匆忙上網把第一站利馬的旅館搞定。

2

抵達機場的時間是半夜，但我沒找旅館接機，想說機場很安全，可以先待著，等天亮再找大眾交通工具進城，且我需要好好讀一下旅遊書，大致擬定一下行程，有些事總是需要等到抵達現場之後，才知道下一步應該，或想要怎麼做？沒想到第一篇旅行日記居然是坐在這裡畫史小比，還好他沒掉，不然我會傷心死……。

清點了隨身行李中的物品，穿上禦寒外套，在機場ATM試用了提款卡，我想，就算行李掉了，還是有辦法繼續旅行下去。

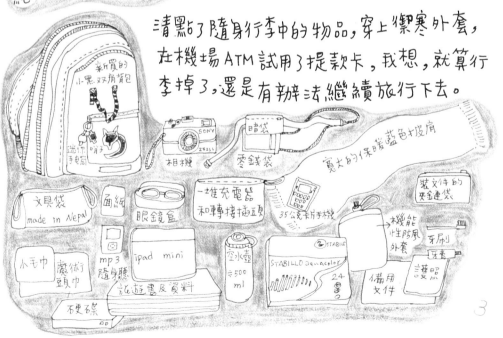

7月2日（三）前進利馬

南半球的秘魯，現在是冬天………，灰濛濛的天氣，容易使人心情不好，去旅客服務中心問了進城的巴士訊息，兩位小姐極力勸阻我，她們異口同聲地說 "It's dangerous！"尤其怕有扒手，這裡的公車混亂擁擠，司機開車橫衝直撞，站牌也沒有任何標示，只憑隨車助手不斷吶喊目的地，如果我拖著大行李，絕對不敢搭公車，我苦笑著安慰自己，這裡雖然亂，不過比印度好一點。

PARADERO
…（巴士站牌）

門

大門

機場

5

我坐在引擎蓋旁邊的凳子上

隨車助手是位神氣的大姊，手上拿了一疊票。

STAR TOURS S.A.
R.U.C. 20266209020
S/.2.00
797838
ADULTO URBANO

巴士票，2 soles.

出了機場，先右轉，沿著人行道，抵達交通繁忙的大馬路，再右轉，天橋再過去一點，就是巴士站了，從機場到 Miraflores（米拉弗洛雷斯）大圓環約 1 小時。
三年前來秘魯，第一個落腳處是朋友的朋友家，位在較不安全的 Breña區，後來搬到有濱海歐洲區之稱的 Miraflores區，像鄉

4

下小老鼠進城似地，被這一區的繁華給嚇壞了！

米拉弗洛雷斯
Miraflores
（看）　（花）
（＊西班牙語）

這次從機場所在的 Callao 區到
（卡茹俄）
Miraflores 區，可能是有了心理準備，
（米拉弗洛雷斯）
沒那麼吃驚，然而，從混亂破舊的
街景到整齊現代化的市容，仍深刻
感受到這裡的貧富差距之大。

Sol de Miraflores

Jannet Campos Castañeda de Kanashiro

Calle Chiclayo 710 - Miraflores
Telf. 2410932 /979358425
Nextel: 41*348*3099 / Cel.: 982483099
Email. informes@soldemiraflores.com
consultas@soldemiraflores.com
www.soldemiraflores.com

順利找到預訂的
旅館，櫃台的和善
Jannet 請我吃了早餐，
上樓整理了一下東西
（其實也沒有多少東西
要整理），就躺下來
呼呼大睡，繃緊
的神經剎間放鬆。

旅館在此　Sol de Miraflores Hostel

Chiclayo
AV. Espinar
Elias Aguirre
Av. Arequipa
AV. Jose Pardo
Bolognesi
麥當勞 M
Ovalo 大圓環
Parque Central

那種深沉的睡法就好像是
要把過去這兩週沒睡飽的，
通通補回來似地，我真的
非常需要找個地方好好睡一覺。

每人每晚 24.7 美元
單房，公共衛浴，附早餐，熱水很熱，
房間小得像個盒子似地，但我可以
接受，因為地理位置佳，交通方便，
補給生活用品也方便，且門禁森嚴，
附近還有超市、書店、速食店等。

Desayuno（早餐）

現榨
柳橙汁
奶油
果醬
夾了番茄和
雞肉的麵包
Mate de Anis
茴香茶

5

睡飽了，外出覓食，室外溫度大約十八度，霧氣更明顯了，去超市買了水及日用品，利馬的物價是全秘魯之冠，而 Miraflores 區則是利馬之冠。

一索爾的銅板

秘魯的貨幣是用 Sol（索爾）為單位，Sol 在西班牙語中是『太陽』的意思，印加（Inca）帝國崇拜太陽神，現在，連帝國後代子孫都用『太陽』為貨幣單位。

匯率

1美元 ≒ 2.8 Soles（但銀行或兌幣所通常是 2.4～2.6）
1 sol ≒ 10.69 N.T（台幣）（為了快速換算，我都直接×10）
標示幣值，通常簡寫成 S/.

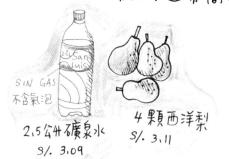

SIN GAS
不含氣泡

2.5公升礦泉水
S/. 3.09

4顆西洋梨
S/. 3.11

食我極了，上中國餐館大吃一頓。
chifa音譯為『吃飯』從廣東話來，指『中國餐廳』，明清之際，有華人渡海

CHIFA
CHIFA

來此當苦力，鴉片戰爭時，民不聊生，有更多華人到秘魯工作，此地隨處可見到中國餐廳。

餐前，先上一碗餛飩麵條清湯，真是撫慰人心。
共 S/. 11

Tortilla de Verduras con chaufa
煎蛋　　　蔬菜　　　　　/ㄔㄠㄈㄚ/炒飯
好大的煎蛋捲蓋在一大盤炒飯上，飯量是我平日的3倍，煎蛋的蔬菜有番茄，豆芽菜、蔥.....等

提供中式調羹及叉子
醬油　辣油

6

# 7月3日（四）舊城區散步

此行最大的敵人，應該是那台 ipad mini，因為旅館提供免費 wifi，所以我還是很習慣地滑滑滑，出來旅行不是為了擺脫舒適圈 (comfort zone) 嗎？怎麼我還要把台灣的生活帶來這裡？如果要花時間在這裡上網，那不如不要出門！有網路可以查資料很方便，但也不要讓自己變成它的奴隸，應該回歸到資源簡單的紙本生活，並打開自己的五感，去感受這個不同的世界。

兩年前惡補一陣短暫時間的西文，已經全部還給老師了，我現在又重回『文盲』階段，從數字開始背，接下來要背菜單！還有增加好感度的問候語。

| | | | | | |
|---|---|---|---|---|---|
| 1 | uno | 6 | seis | Hello. | Hola. |
| 2 | dos | 7 | siete | Goodbye. | Adiós |
| 3 | tres | 8 | ocho | Thank you. | Gracias. |
| 4 | kwatro | 9 | nueve | Good morning. | Buenos días. |
| 5 | cinco | 10 | diez | Good evening. | Buenas noches. |

旅館的人不會講英文有點麻煩，櫃台的 Jannet 幫我打電話去問我的行李的下落，卻無法告訴我怎麼了，用 Google 翻譯給我看，也是雞同鴨講，我後來自己用 skype 打電話去美國航空問，順便查了旅行不便險理賠的資料，行李沒掉但不知何時來。

# Street moneychanger

繡上編號

美元符號

手上有厚厚一疊鈔票

歐元符號

識別證

背心的口袋非常多

拿著一台計算機

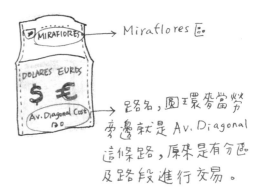

Miraflores 區

路名，圓環麥當勞旁邊就是 Av. Diagonal 這條路，原來是有分區及路段進行交易。

麥當勞旁邊站著一堆穿藍背心的人，每個人手上都拿著一疊厚厚的鈔票，且不時有路人停下來，和他們交頭接耳，按按計算機，然後用鈔票換鈔票，雖說 Miraflores 區的治安是利馬之冠，可是這樣光天化日之下拿一大疊鈔票，明目張膽地換錢，也真是夠大膽了！可是大家都神色自若，似乎習以為常，連牽狗慢跑的人也會順便停下來問問匯率，不知道為何那麼多人要換美金及歐元？可能是藉由匯兌從中獲利，也許是黑市交易太活絡，所以政府乾脆把這項地下經濟合法化了，也是，分區分路段管理總比不管來得好，但路上換錢對觀光客而言，風險太高，怕換到假鈔，也怕被搶，我還是乖乖用提款卡，或拿美金去 Casas de cambio (foreign-exchange bureaus) 換，比較安心。

敬馬 Dangerous 一直聽妻到這個字

這大概是這輩子在短短兩天內聽到最多次 dangerous 這個單字了，從機場1F服務台，到2F旅遊諮詢中心，還有今天去圓環旁的旅客服務站詢問有無較便宜的方式前往下一站 Huancayo (萬卡約)，小姐勸我搭最頂級的 CRUZ DEL SUR 巴士，說其他巴士都太 dangerous 了，我拿出事先列印的資料，詢問如何前往利馬郊外 Bujhama 布哈馬，我想去看一個集水設施，小姐沒聽過，但熱心地幫我查了，原來是要到 Av. México 墨西哥路的 Soyuz 巴士站，我說要搭小巴士去 Soyuz 巴士站，小姐馬上搖頭：dangerous，要我搭計程車，我覺得計程車才危險，被載到哪裡去都不知道！經過無數路人幫忙，我總算找到 Soyuz 巴士站，但因為是下午3，為了安全，我決定明天再去 Bujhama，改去舊城區晃晃，向一旁的阿伯問路，因行李未到，我只提了塑膠袋，相機塞進外套，他指了我唯一值錢的手錶說：dangerous，做出搶劫動作，要我小心，好會演。

路邊吃水煮玉米，玉米粒超大顆，配上印加可樂，超有滋味！

s/.2

印加帝國崇拜太陽神，熱愛金黃色的東西，金黃色的玉米是滋養身體的主食，這裡最流行的國民飲料 Inka cola 印加可樂也是金黃色的，據說是加入了一種叫做 Hierba Luisa 的藥草植物！(查資料才知那居然是檸檬馬鞭草)

INCA KOLA

9

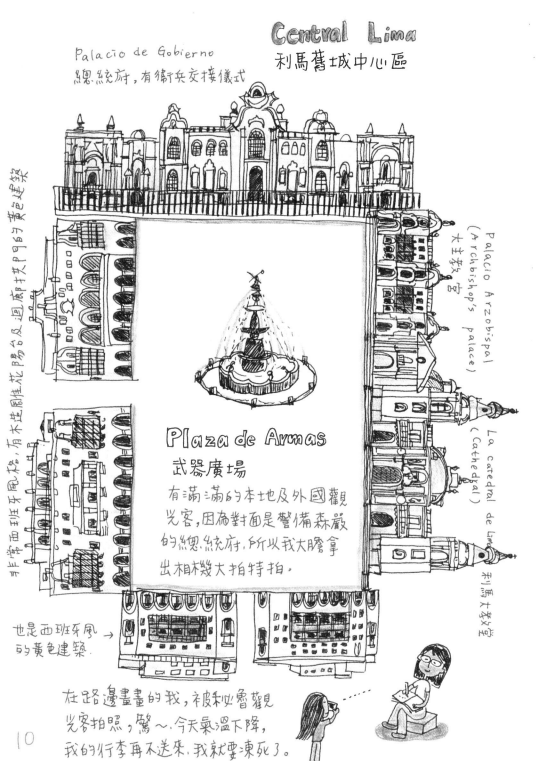

Central Lima
利馬舊城中心區

Palacio de Gobierno
總統府,有衛兵交接儀式

Palacio Arzobispal
(Archbishop's palace)
大主教宮

La catedral de Lima
( Cathedral )
利馬大教堂

Plaza de Armas
武器廣場

有滿滿的本地及外國觀光客,因為對面是警備森嚴的總統府,所以我大膽拿出相機猛拍特拍。

非常西班牙風格,有木造階花陽台及迴廊其拱門的黃色建築

也是西班牙風 → 的黃色建築.

在路邊畫畫的我,被秘魯觀光客拍照,驚~.今天氣溫下降,我的行李再不送來.我就要凍死了。

10

anticuchos (beef heart skewers)

# 烤牛心

chicha morada
紫玉米汁，本地傳統飲料

明明很鹹了，大家還是拼命淋沫醬汁！

烤肉用的刷子是用玉米葉子紮成的，廢物利用，好厲害

SISCOM ICOMM...

垃圾桶

↑ 火爐是燒炭的

水

S./5

烤牛心共2串
一串有4片

有一堆烤牛雜

底下鋪了蒸熟的馬鈴薯切片

Esta delicioso.
這美味！

晚餐吃路邊攤美食烤牛心，據說是西班牙殖民時期引進黑奴，黑人從非洲帶來的食物，秘魯的失業人口龐大，從事路邊這種非正式部門工作的人滿街都是。我應該來貢獻一下我的消費能力。！！

# 7月4日(五) 布哈馬集水設施

昨天旅館人員來收房間，清潔整理一番之後，把史小比好好地安置在枕頭中央，並細心地蓋上被子，實在是太可愛了。

我在面臨一堆 "It's dangerous." 的警告時，你居然在大睡！

旅館提供的早餐營養完整豐富，咖啡也很好喝，果汁都是現榨的，還有各種藥草茶包可供選擇。

如果今天行李再不送來，我就要去附近的AA辦公室拍桌～不，是合理抱怨，然後再去旁邊的購物中心大刷我的旅行不便險額度，不過老實說也沒感到多不便，真不知那個大箱子到底是裝了什麼東西？是真的需要的嗎？

↑ Mate de Anis. 茴香茶藥草茶
HERBI這個牌子是國民品牌。到時候要買幾打回去。

↑ 小巴士票

利馬有眾多巴士公司，較具規模的巴士公司通常都有自己專營的巴士站，今天得到Soyuz巴士站去搭車，前往Bujama布哈馬小鎮。

Soyuz Peru Bus 巴士站地址：Av. México 333

從圓環附近可以找到前往 Av. México (墨西哥路) 的小巴士，這裡的小巴士真多，經過4位路人及兩位警察比手畫腳、雞同鴨講地幫忙，我才順利搭上小巴士，其中一位會講英文的親切大嬸還啾咪了我一下，要我注意安全，因為墨西哥路….
…. dangerous！(這個英文字又出現了)

Av. Arequipa
Av. Petit Thouars
Ovala圓環

　這間 Soyuz Peru Bus 公司專營利馬以南泛美公路沿海路線，(例：前往 Cañete、chincha、Ica、Nazca…) 我看到幾位背包客來買票，票價比頂級巴士 CRUZ DEL SUR 便宜很多，每個人都告訴我觀光客就是應該去坐 CRUZ DEL SUR頂級巴士，舒服又安全，但其實我應該還有很多其他的選擇才對，要在秘魯旅行的時間還很長，我可以再考慮……，且 CRUZ DEL SUR 也不能保證絕對安全，之前才在網路上看到這間專營外國觀光客生意的巴士公司，有一輛夜車被歹徒以設路障的方式強迫停車去打抶，整車的肥羊觀光客，怎不是穩賺不賠的絕佳目標？這種事沒能說得準，會遇到的就是會遇到。

Soyuz Peru Bus 好　長一輛

13

居然看到
捕霧網

利馬四周的山坡上蓋滿土磚方塊小屋，塗上各種鮮豔的顏色，隱身於這些彩色小屋之內的，卻是缺水缺電的貧民窟，「懼乳-傷心的奶水」這部電影的場景彷彿來到我面前。貧民窟裡住的，是懷抱著繁華都市夢，從四面八方湧入利馬的窮苦鄉村移民，在利馬郊外山坡上棲身。

-※:都是因為在鄉下生存不下去了，導致「僞都市化」

秘魯的都市規模分布是屬於『首要型分布』，在地理學上，若一個國家的第一大都市人口數量是第二大都市的兩倍以上，即除了一個特大型都市之外，其餘皆是中小型都市，這種都市等級分布型態稱為首要型(Primate City)分布。

| 秘魯前五大都市人口 | | 2015 |
|---|---|---|
| 1 | Lima 利馬 | 9,886,647人 |
| 2 | Trujillo 特魯西約 | 949,498人 |
| 3 | Arequipa 阿雷基帕 | 920,047人 |
| 4 | Chiclayo 齊克來優 | 810,783人 |
| 5 | Piura 皮烏拉 | 517,293人 |

車行漸遠，上了泛美公路，一路南下，右邊是太平洋，左邊是黃色荒漠，離開手上地圖所能涵蓋的範圍，心中有些不安，還好周圍的人總是適時伸出援手，讓我安心不少，老師這個職業讓我習慣發號施令，總是當老大，出來旅行，事事都得仰賴他人幫忙，讓我有機會站在另一個角度檢視自己。

北美洲
北起阿拉斯加，南至智利南端，貫穿整個美洲大陸
南美洲
泛美公路
Pan American Highway

14

Bushama 布哈馬是距離利馬約64公里的小村落, 位於泛美大道 91km 處, 路邊下車後可以直直地走到海灘, 從眾多的商店民宿招牌可以想見這裡的夏季擠滿弄潮踏浪的遊客, 但現在是冬季, 商店歇業, 門窗緊閉; 這兒常見簡陋的土磚屋, 有些甚至只用木板或草編薄牆掩著, 在海風的怒吼中顯得岌岌不安, 遠處是一望無際的太平洋, 太平洋的另一邊是亞洲, 冬季的濃濕霧(garúa) 讓天色是一片黯淡的灰。

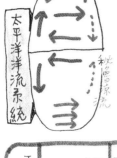

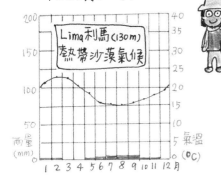

Lima 利馬 (130m)
熱帶沙漠氣候

雨量 (mm)

氣溫 (°C)

太平洋洋流系統

秘魯涼流

秘魯沿海有秘魯涼流通過, 造成低層空氣較涼冷, 而上層空氣反而較溫暖的現象, 冷空氣較重, 沉在下方, 形成穩定的空氣結構, 對流不易而乾燥少雨, 利馬又稱「無雨城」; 冬季時, 海上潮濕空氣碰到因降溫而相對冰冷的陸地, 空氣中的水汽很容易達到飽和而凝結成水滴, 形成濃霧, 尤其是晚上, 氣溫降得更低, 濃濕霧的情況更明顯, 感覺猶如飄著細雨。

| 正常情況 | 上冷 下暖 | 下層空氣較暖, 暖空氣較輕, 易升騰至高空, 成雲致雨 (對流作用) | 涼流流經時 | 上暖 下冷 | 涼流讓下層空氣較涼冷而重, 形成穩定大氣結構, 不易升騰致雨 |
|---|---|---|---|---|---|

15

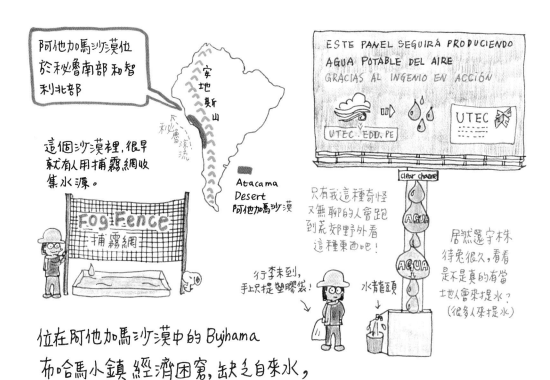

位在阿他加馬沙漠中的 Byjhama

布哈馬小鎮 經濟困窘，缺乏自來水，

民眾多掘井取用地下水，然而有些地下水遭受污染，有害健

康。在泛美大道兩側立著許巨大的廣告看板，其中，有一個

廣告看板是 UTEC（the University of Engineering and Technology）

大學設立的，它有特殊構造能捕捉空氣中的水氣，匯集的

水滴導入逆滲透系統，經淨化後儲存在水箱中，供民

眾取用，至今已產出數千公升的飲用水。

這個點子發想自當地由來已久的「捕霧網」，涼流造成濃

濕霧，霧的水滴直徑較小，會隨風飄揚，人們架起捕霧

網，水滴便會附著在網線上，聚少成多，再流向捕霧網

下方的集水槽，方法簡單且成本低廉。

16

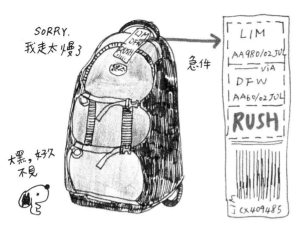

SORRY.
我走太慢了

急件

LIM
AA980/02JUL
viA
DFW
AA60/02JUL
RUSH

CX409485

大黑, 好久
不見

今天的集水廣告牌行程異常順利, 下午兩點就結束, 先回旅館檢查行李來了沒? 感謝老天, 它終於來了, 不然, 我今天要用旅遊不便險額度去刷卡買衣服了, 雖說是天上掉下來的錢, 可是我還是喜歡自己的舊毛衣。

圓環附近的餐館實在太貴了, 走遠一點去傳統市場吃飯, 傍晚好多攤子都收了, 但我仍在小店吃到便宜又飽足的一餐。

省錢又飽足之覓食教戰手冊

**Menú** 每日套餐, (每家餐廳, 市場攤位都有自己的每日套餐, 通常於午間提供, 午餐是一天中最重要的一餐, 用小板子寫著 Menú 這個字, 列出可選擇的品項, 掛在顯眼的地方)。

套餐分三部分:

entrada — (appetizer) 前菜. 開胃菜

segundo — (main course) 主菜

postre — (dessert) 甜點

S/. 6

小店沒那麼講究。但通常有一大盤主菜, 配上喝完就半飽的熱湯以及大杯飲料。

你吃太多了! 別忘了你是來減肥的.

通心粉, 蔬菜以及雞爪煮成的熱湯. 料很多!

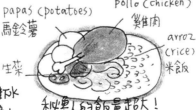

papas (potatoes) 馬鈴薯

pollo (chicken) 雞肉

生菜

arroz (rice) 米飯

秘魯人的飯量超大!

飲料是一大杯百香果汁。

17

7月5日（六）利馬美術館

↑ 洋甘菊茶

今天早餐附了現榨西瓜汁之外，還喝了咖啡和洋甘菊茶，秘魯的咖啡讓我十分滿意，沒帶沖咖啡用具來是對的，到處都有好喝的咖啡，沒必要自己沖。

昨晚開始服用預防高山症的藥，雖然曾有過到高地的經驗，並沒有什麼不適的症狀，但這次在八小時內要上升三千多公尺，為了避免不適，還是吃藥預防一下好了，只不過藥的副作用是有點利尿，害我昨晚跑了好幾次廁所。

↓ 今天的氣質行程：Museo de Arte de Lima
　　　　　　　　　　　　　利馬美術館

18　門票：S/.6，禮拜日只要S/.1　　　（我在門票上畫畫！）

原本是打算在美術館小小看個展，然後去美術館
附設的氣質咖啡館來個貴婦下午茶……，但是沒
想到竟然在裡面耗掉好幾個鐘頭……。

## FERNANDO 'COCO' BEDOYA. LIMA / BUENOS AIRES: 1979-1999

這個 FERNANDO 'COCO' BEDOYA
用藝術批判社會政治，以
當時的時代而言，他的作品
算是相當前衛且充滿實驗
性質的，他也關心阿根廷布宜諾斯艾利斯五月廣場
事件，並用作品加以聲援。這個展8月10日後要撤展，
等我下個月回利馬，又可再看新的展覽。

居然這樣站著畫了兩小時。

把魔術頭巾當領巾
連帽薄毛衣
防風外套
腰包
超舊的布鞋
裡面穿了一件貼身保暖的長褲，再穿一件略防水的薄長褲

另一個展覽是我很有興
趣的考古文物展，是 2012
年從 Huarmey 出土的一
批古物，屬於瓦里 Wari
文化，瓦里文化早於印加
文化，是利馬以北沿海
地區的一支文化，因為
遺址所在地氣候乾
燥，所以文物保存良好，這批出土的文物很多都是陪葬
品，從上面的紋飾圖案可推測當時的生活方式，且那
些圖案十分逗趣，有些根本就像外星人，因為不能
拍照，所以索性畫下來～☺那些生活日用品真潮，設計
師應該來抄。

19

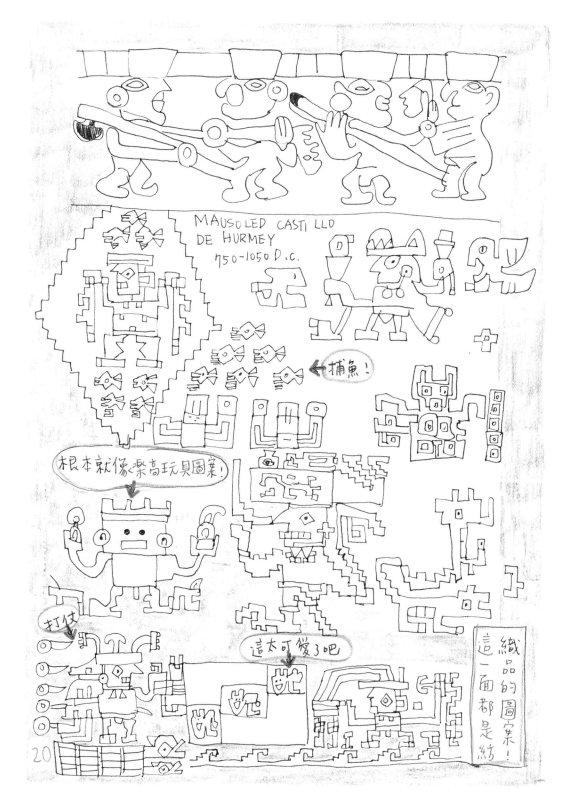

木製

這些木製湯匙實在太囧臉了，一邊畫一邊偷笑。

耳環好潮！

陶笛

古代潮鞋

壺口

耳環竟是好大一個管子。不知如何穿過耳朵？

大肚能容許多水！

水瓶（陶）

古代潮帽

潮耳環

潮手套

水瓶（陶）

水杯（陶）

水杯

21

↑ 大巴士票↑

↑ 小巴士票

畫到快餓扁了,畫好之後去附近覓食,今天是週六,街頭的氣氛很輕鬆,美術館的公園裡到處可見一家大小一起來散步或參加美術館附設的藝術課程。

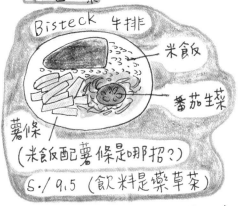

Bisteck 牛排
米飯
番茄生菜
薯條
(米飯配薯條是哪招?)
S./ 9.5 (飲料是藥草茶)

全民瘋世足賽,連馬路中央的安全島都有群眾鼓噪,注意對面大樓架設的大銀幕。

吃完飯之後,連我都忍不住感染了秘魯人的足球狂熱,在酒吧中和大家一起熱烈地看了很久很久,看天色不早了,才趕緊跳上 combis (small van) 小巴士,回到 Miraflores 區。利馬是西班牙殖民建造的城市,街道呈棋盤式,搭公車只要記得在哪個街口下車就好,隨車的服務員也都會提醒像我這種一臉蠢相的觀光客。

Combis 其實就是廂型車～

車身通常寫上路名!

號碼

巴士公司名稱 → **CRUZ DEL SUR**
... el placer de viajar en Bus!
TRANSPORTES CRUZ DEL SUR S.A.C.   R.U.C. 20100227461
CALLE MINERIA 130 · URB. LOS FICUS · SANTA ANITA · LIMA · LIMA
CENTRAL: 311-5030   FAX: 362-3816   FONOBUS: 311-5050
Compre Por Internet: Web Site www.cruzdelsur.com.pe

**BOLETO DE VIAJE**
867 Nº **0433999**

USUARIO: 姓名
PASAJERO:

R.U.C.
D.N.I.: 護照號碼

FECHA VIAJE: 日期月    HORA: 時間    VALOR S/.: 票價 78 soles

| ORIGEN | DESTINO | SERVICIO | Nº ASIENTO |
| --- | --- | --- | --- |
| 出發地 利馬 | 目的地 萬卡約 | | 座位號碼 |

車位名

這是本地最頂級 Metro 超市
的巴士,我在超市的
TELETICKET購票處
買的,票價比一般巴士
貴,但椅子很大很舒服
且可平放睡覺,還供應熱
飲熱食,必須提前半小時

PASAJERO

去 check in,從 Miraflores 區到 Terminal Javier Prado 大約15分鐘
因為是晚上,我預約了計程車 (的),上車前要寄放行李,過X光安檢及
搜身,坐好之後會用攝影記錄臉孔,算有点安檢規格。

從利馬到 Huancayo 萬卡約
的夜車上,我喝了來秘魯之
後的第一杯古柯茶,聽說
可預防高山症,我雖然
已事先服藥,喝古柯茶算
是求個安心,車窗外的景物
完全看不清,連燈也沒有,多
數是無人地帶。

23

# 7月6日(日) 抵達萬卡約

Lima
(156m)

→ Huancayo
(3244m)

頂級巴士夜車
共8小時, S/.78

順利抵達 Huancayo 萬卡約,因為海拔高度的關係,氣溫明顯降低,我在防風外套中再加一層禦寒的保暖層,迅速地把雙肩小包裡的物品加入大背包,調整背帶,一舉把背包上肩,當了多年拖行李箱的偽背包客,這是生平第一次讓背包上肩,空出雙手真的比較容易使用地圖和指南針,很順利地找到旅館。

不知怎麼了,昏昏沉沉地,走一點點路就非常累,在8小時內坐車爬升了三千公尺,儘管已經吃了預防高山症的藥,但其實身體還沒適應,原本想搭號稱世界第二高的火車來 Huancayo 的,但這火車一年中只有在乾季的幾個月中行駛,且一個月只有一班,上網查的結果,最近的一班在7月26日,我不可能在利馬待到七月底,我厭倦大城市的吵雜擁擠,算了,天下事沒有百分之一百如己所願的,就讓命運之手將我順勢推向某方吧!只要放慢腳步,相信前方應該有什麼在等著我。

摯友
Peter

沙包
10kg

沙包
10kg

當初,
去買背包時,Peter說每一種背包的負重系統皆不同,一定要試背,才能挑到適合自己的背包,他居然在背包中丟進25kg的沙包,叫我上下樓梯,來回步行,測試超過半小時,驚!

24  http://www.ferrocarrilcentral.com 高山火車資訊,有英文介面!

應付高山症的方法是不要劇烈活動，多補充水份，這裡好乾燥，我一直在喝水。

秘魯是可可亞重要產地，我總在口袋裡，放兩塊，隨時補充熱量。

再吃，你就要胖死了

我一定要買一堆黑巧克力，回台灣做甜點。

Huancayo 萬卡約的物價比利馬便宜多了，去逛傳統市場，買了 0.5 kg 的李子，只要 S/.1.2，現榨果汁小杯 S/.1，大杯 S/.3，套餐也只要 S/.5。

S/.5

Aguadito de Pollo
加了馬鈴薯、穀物、蔬菜等的雞肉湯

Mate
藥草茶 (溫的，好貼心)
Más? 再來一杯
甜點：糖煮水果

En salada Mixta
綜合沙拉
arroz 米飯
Lentejas 燉煮的扁豆
雞翅

假日廣場好熱鬧，當地人扶老攜幼坐在長椅上晒太陽，溫差真大，我簡直要熱昏，我迅速畫完一張失敗的水彩。寫生原則是「先簡化，再豐富它」，而我總是畫得太瑣碎、太囉嗦。

Plaza de la Constitution 高原上的天好藍

喂，你透視有問題

噓，小聲一點。

25

只畫一下下而已，又累了，全身沒力氣，只好找一間咖啡館好好坐下來休息，來背早上學的西文單字。

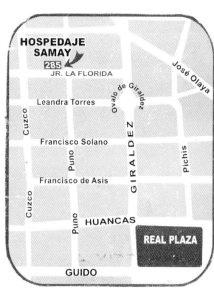

我為什麼要來這裡戴頭燈寫日記?

地板超冰，先用一張大塑膠袋鋪在地上，再用旅館提供的駱馬毛毯摺成坐墊，以床為桌，克難地寫日記！在昏暗光線中看書寫日記，我覺得眼睛快瞎了。

## HOSPEDAJE SAMAY
（民宿之喜）

ADD: Jr. Florida Nº285
TEL: 0051-064-365259
Móvil: 964082955, 964273464
www.samayperu.com
reservas @ samayperu.com

單人房，公用衛浴，附早餐，安靜
近市中心、巴士站及火車站.
每人每晚 16 USD

缺點是房間的燈超暗的，那不叫燈光，那叫暗夜中的微光，(可能是為了省電吧！)我都想自己去買燈管來換了；浴室的熱水也不太熱，只能叫做溫水，想洗澡必須鼓起莫大的勇氣，我想我和秘魯人之間，對於燈光和熱水應該存在著歧見。

夜晚氣溫甚低，床上有厚厚三層駱馬毛毯，旁邊還有厚厚一疊備用毛毯，我不斷地用電湯匙煮水泡熱茶來喝。

# 7月7日(一) 傳統市場巡禮

西文/英文双向字典
(迷你本)

儘管萬卡約讓我覺得挺有安全感的，但 還是不要掉以輕心比較好，在路上公然拿出 ipad 查離線資料或西文單字是招致危險的大忌， 仍回歸紙本比較好，所以我把字典拿出來用。

旅館的早餐有點兩光，麵包塗奶油果醬，自己泡熱茶，果汁是超市買的鋁箔包，我不禁懷念起利馬的 Jannet 每天為我現打的新鮮果汁。在祕魯這個低地區盛產熱帶水果的國家，我還是頭一遭喝到非現打的果汁。

走行 40 min
往 Torre Torre →

原本是打算搭小巴去這附近的鄉下晃晃，但旅館的女生介紹我去看這附近一處地景，還說那附近有個動物園，身為偽動物園控的我忍不住想去瞧瞧，結果根本沒看到什麼動物園，倒是當地人家養了不少牛羊豬者，難道這就是 Zoo？

"Torre"的意思是 Tower (塔)

→ 硬岩，不易風化

→ 軟岩，易遭風化

這就是地形學中的差別風化。

哈？這個

Hola (hello)

風景名勝：Torre Torre

27

市場裡有很多果汁攤，綜合果汁的配方每家都不同,今天向印第安婆婆買了杯綜合果汁,原料如下:

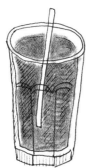

surtido
(綜合果汁)

一杯 S/.8.2
真材實料去打成果汁

28

- 香蕉 (這裡的香蕉剝開,果肉居然是淡粉橘色)
- 胡蘿蔔.　　　　　● 甜菜根
- 木瓜
- 糖.
- 熱水 (加進去,果汁就變溫的,天冷,不喝冰的)
- 香草精
- ganella (粉末狀)(不知為何物?)

# 秘魯國民傳統美食
# Cerviche 塞比切(酸醃生魚)

雖說最好吃的 Cerviche 在利馬，因為那裡靠海，漁產豐富，但萬卡約雖在高地，拜附近溪流之賜，不乏新鮮魚類，所以到處都看得到賣 Cerviche 的攤子，從 Torre Torre 走回市中心的路上，我也坐在路邊攤吃了一盤。

Maté 藥草茶

紫洋蔥

生菜

玉米粒(炸過的)

**S/.5**

leche de Tigre 炸魚
(Tiger milk)
老虎奶，即 Cerviche 的醃汁，酸酸鹹鹹，據說可解宿醉，又可壯陽。

地瓜 馬鈴薯
底層鋪了蒸的馬鈴薯切片

熱魚湯

簡直是隻了一條魚

Peiyu的廚藝教室

1° 生魚片、墨魚、章魚等海鮮切成小塊(要用白肉魚)
2° 檸檬榨汁(大量)，混入塩、洋蔥絲、香菜、辣椒、胡椒、蒜瓣。

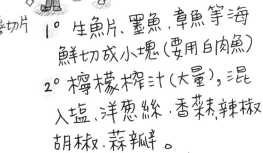

3° 將 1° 中的海鮮放入 2° 中，檸檬汁的酸遇到魚肉的蛋白質，會起化學變化，使魚肉呈白色，看起來好像煮熟了。

4° 擺盤時，鋪上萵苣生菜，搭配水煮玉米及蒸地瓜、馬鈴薯。

29

比起利馬，高地婦女出現較多穿著傳統服飾的身影，雖說是傳統服飾，但也不全然是，例如婦女常戴一種歐洲紳士型式的小禮帽，是西班牙殖民時期，有人進口一船的禮帽到南美洲，但尺寸弄錯，全是小尺寸，但沒想到在當地竟流行起來。

這看似正式的禮帽搭配多彩的服裝，乍看有些突兀，但看多了，就習慣，這個世界原本就是多元，才顯得有趣。

→ 禮帽，毛氈材質，尺寸偏小

髮辮辮型式有兩種

Manta，一種彩色條紋布 ←
可以禦寒、揹小孩、上市場買東西，也可把貨物揹在身上（真是太厲害了）

→ 穿很蓬的蓬蓬裙，且花花綠綠，甚至有蕾絲，但為防髒，在蓬蓬裙外面會罩上一件像圍裙的裙子。

→ 毛線編織的長襪，有時也會穿長褲，不一定。

完美　　　咖啡, s/.2

秘魯真的沒有難喝的咖啡，
上咖啡食官點咖啡，通常給
一小壺較濃的、濾好的咖
啡，再搭配一杯熱開水，
讓客人自己加咖啡到熱
水中，奇怪的是，這裡的
咖啡不管放了多久，或者就算冷掉，都還是很好喝。

糖
熱水
濃的咖啡

Nestle SUBLIME

又吃了一塊巧克力 s/.1.15

今天買了水果

3顆 s/.3

→佛頭

chirimoya

番荔枝，長得很像釋迦,但有一點々
不像,不過打開來，裡面小小的白色
果粒包著黑色的子，是釋迦的兄弟無誤。

身體似乎不那麼疲倦了，但　仍繼
續用古柯葉泡茶來喝，可減緩高
山症帶來的不適。嚼古柯葉是安地
斯山的傳統，只不過後來遭到濫
用，提煉成毒品 危害世界。

古柯葉
COCA LEAF

古柯兄弟
！

Peiyu,
你一定要替我們說話！

好可憐
被誤會了

古柯茶
COCA
TEA

# 7月8日 (二) 曼塔羅谷地一遊

為了和夜晚的低溫對抗，改成白天洗澡，並啟用朋友從日本幫我帶回來的 muji 無印良品旅行用吹風機，房間裡沒有鏡子，我一邊用 muji 吹風機吹頭髮，一邊用 ipad 當鏡子，在開發中國家旅行的我，這樣會不會太奢華了？想到這支吹風機當初還被三年義班嘲笑，哼！下次要拿去吹給她們看！

我買了一支 muji 吹風機，跟 iphone 一樣小喔！網路上有照片！

我朋友要從日本幫我帶回來，我快要看到它了！

不能吹吧？
(墜走 eiphone)

你又被騙了

怎麼可能，拿來吹給我看！

不可能，iphone 那麼小

向聰明的 Peiyu 嗆聲的三年義班

可惡！我帶來吹給你們看！

網路照片，有把吹風機跟 iphone 放在一起！

真的！真的！真的！真的！

拿來吹給我們看啊！

拿來啊啊 直接看，證據拿出來

可惡，不懂得尊師重道，真是沒禮貌

(謎之音：不過，事後收到吹風機時，才發現什麼跟 iphone 一樣大是誇大的，根本是拍攝角度的問題……害我遲遲不敢把吹風機帶去學校嗆義班！)

今天旅館懂英文的女生煎了一個蛋，夾在麵包裡給我當早餐，只是一顆簡單的蛋，卻讓我有種幸福的感覺，她又仔細提供了許多旅遊資訊，今天的旅遊重點是 Mantaro Valley 曼塔羅谷地，谷地沿線有許多手工藝主題小鎮，類似台灣的鶯歌陶瓷、美濃紙傘那樣的地方，秘魯人也會去觀光，秘魯是一個手工藝品超氾濫的國家，我簡直要看飽了。

# Mapa Turístico del Valle del Mantaro

Sta. Rosa de Ocopa 超美的山中小村，景致迷人

Concepción 小鎮，熱鬧的交通樞紐

San Jerónino 以銀飾聞名的小村莊

Hualhuas 織布聞名的小村莊

Cochas Grande
Cochas chico 生產雕花葫蘆的地方

CHUPACA
週六
有動
物市集

萬卡約是最適合住宿當根據地的地方。前往附近其他小村都很方便。進可攻，退可守。

Huancayo
萬卡約

Torre Torre 差別風化地形

## Mantaro Valley 曼塔羅谷地旅遊地圖

combis
(小巴)

Hualhuas
Hualhuas
隨車人員一直喊地名。

小巴座位
分配圖

司机
旁有2個位子
司机後方放了長椅

沒位子坐的人必須站著，但必須低頭不然會撞到車頂。

全程搭這種用廂型車改裝的小巴士，小村和小村之間大約只要車程 15～20 min，車資 s./1～s./1.5。秘魯人是安靜的，他們很少喧譁，在公共場合多數是安安靜靜的，臉上有一種歷經風霜、堅毅的表情，他們的臉孔，似乎訴說著謎樣的歷史。

33

Hualhuas (瓦瓦斯) 就在大馬路旁，明顯的地標是一個拱門，拱門前還裝飾了織布機雕塑，在拱門前下車直走，就可進入小鎮的中心廣場及教堂，沿途有許多展售織品的商店。這裡的織布機看起來像一部拼裝車，操作起來十分費力，織布不僅需要細心及耐心，還需要體力。

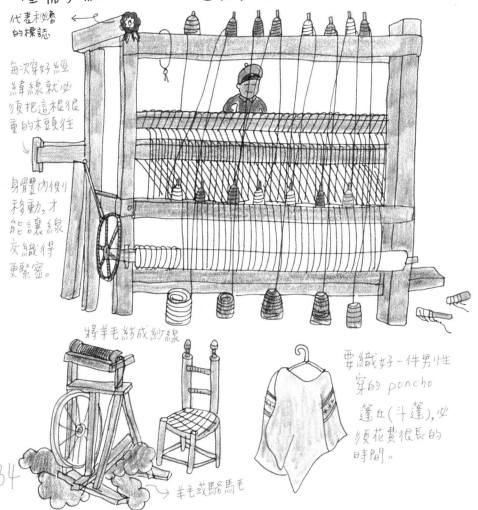

代表和協會的標誌

每次穿好經緯線就必須把這根很重的木頭往身體內側移動，才能讓線交織得更緊密。

將羊毛紡成紗線

要織好一件男性穿的 poncho 篷丘(斗篷)，必須花費很長的時間。

羊毛或駱馬毛

34

# almerzo (lunch) 午餐

午餐隨便在 Hualhuas 廣場前的攤販解決。

cerdo (pig)，原來是豬著　肉，我一下子學牛叫、一下子學羊叫……，站在一旁的大叔看不下去，就在我的筆記本上寫下 cerdo 這個單字。

漢堡中夾了紫洋蔥、紅色甜椒、富膠質的豬著頭皮肉，再擠點檸檬汁，撒上鹽巴，真美味。

X S/.1

飽餐一頓之後，坐小巴士到 Concepción 小鎮郊外大馬路旁，下車後坐 motor (電動三輪車)

進 Concepción 中心廣場，這是一個比 Hualhuas 熱鬧的地方，我想找小巴士載我去 Ocopa，但是 shared taxi (共乘計程車) 司機騙我沒有小巴士可坐，坑了我 S/.5 的車資，事後我才發現其實在 Concepción 中心廣場旁就有 colectivos (小巴士) 可坐，算了，觀光客的宿命就是被當成肥羊宰，只有摸摸鼻子認了。

可載物

小巴士通常只停在聯外大馬路，想進入市中心，就得仰賴電動三輪車接駁。

我腦袋有洞嗎？旅遊書上明明寫著 Santa Rosa de Ocopa 修道院是週三～週一開放，今天週二沒開，我來做什麼？昏倒。(只好坐下來畫一張水彩再閃人，明天再來!)

35

- Santa Rosa de Ocopa 修道院

我不習慣穿金戴銀.
所以不買銀飾。

是沒錢吧?

（堅持坐下來畫一張水彩再閃人）

坐車返回 Huancayo 萬卡約的途中會經過 San Jerónino 這個以銀飾聞名的小鎮，天色尚早，我於是跳車晃晃，沿街的銀飾工作坊展示著許多精巧獨特的銀飾，且價位不高（但不知是否為純銀？），聽到店裡電視傳來的聲音，我才發現世足賽轉播開始了！我又算錯時差了，台灣與秘魯時差13小時，台灣時間7月9日凌晨四時轉播巴西對德國的比賽，這裡的轉播時間應該是7月10日下午三時才對，我差點就要錯過了，趕緊找一間餐館坐下來吃東西看轉播。

S/.5

Sopa（湯）
羊肉馬鈴薯湯，
好好喝。秘魯
人真會煮湯

PaPa a la Huancaina
切片馬鈴薯淋上濃郁
黄色奶油醬汁，配上生菜。

chicha morada
紫玉米汁

甜點是螢光綠色素
果凍。⊙

36

世足賽近來這幾場簡直就是歐洲對南美洲，我周圍的觀眾都支持南美洲，我不敢亂表態，怕被血洗，畢竟這裡可是南美洲。

德國血洗巴西
簡直是大屠殺

本日巧克力
chocolate（西文和英文拼寫相同）

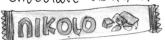

你再吃，
一定會肥死

本日水果
granadilla
百香果，皮是黃色的，
汁比較少，但果肉比較甜。

走路去 Molina 巴士公司買 7月10日要前往 Ayacucho 的票，
旅館的可愛女孩勸我在 day time 行動，儘量避
免坐夜車，比較安全，把事先寫好的西文紙條遞給
櫃台，順利買到票。

力!
熱水
濃咖啡

一天的活動照例用一杯咖啡來做
個美好的結束，看著咖啡館裡
那麼亮的燈光，暗下決心，明
天晚上一定要帶書來這裡看，旅
館房間那盞昏暗的燈簡直是用
來開玩笑的！走回旅館的街道途中，人群熙熙攘攘。
這裡的夜晚讓人有安全感。但，在黑夜中，我發現……

我的房間　隔壁房間　Hotel
為什麼隔壁房間的燈超亮？

我房間的燈很不亮！
我去看看
去問

喔！燈壞了

你是白癡吧！

那我前兩天戴頭燈寫日記是戴心酸的嗎？

結論：
我腦袋真的有洞。
人笨凡事難。

37

# 7月9日 (三) 周惟花葫蘆公園

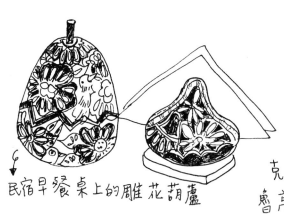

民宿早餐桌上的雕花葫蘆

民宿主人的女兒叫做 Yura，在 Quechua 克丘亞語中，Yura的意思是『菜子』，Quechua 克丘亞語是通行於秘魯高山高原地帶的一種方言，是古印加帝國的官方語言。

今天的行程是要前往 Cochas Grande 和 Cochas Chico，據說這兒是秘魯產雕花葫蘆的地方， 乘著小巴士進入鄉村地帶，這兒的風景比昨天的村落更美，小村子靜靜地躺在山的懷抱裡，偶爾傳來放養的牛叫聲，不管世界如何在轉，小村子用它自己的節奏靜靜呼吸。

↳坐下來畫水彩

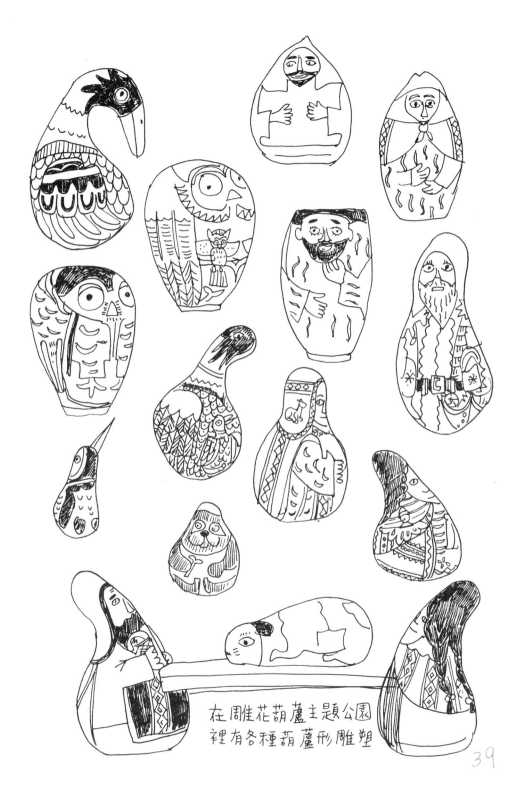

在周佳花葫蘆主題公園
裡有各種葫蘆形雕塑

39

坐著畫完水彩，才
驚，算了，那也是
葫蘆，難道早餐
沿著山路愈

抄小路下切到谷地，直接進入村子，沒想到
念品的攤子，好幾個婆婆正在製作雕花葫蘆，
些自然的色澤，雕花葫蘆紀念品售價合理，我掏
與其讓集貨的商人低價收購婆々的心血結晶，

40

發現我坐著的那塊大石頭旁邊，居然有一堆狗屎，大自然的一部份，東晃西晃，完全没看見任何雕花桌上那兩個雕花葫蘆就是我所能見到的全部了，他愈高，登高望遠，看見隔壁村子有個巨大的雕塑，且傳出陣陣音樂，我直覺那兒應該有可看性。

那是一座雕花葫蘆主題公園，園區內有一些販售紀
先用鉛筆打稿，再用刀刻出花紋，然後用火炙燒出一
出錢向婆婆買了幾個雕花葫蘆鑰匙圈及小容器，
不如讓我買一些，至少金錢是回饋到製作者本身。41

旅行最大的好處，就是你永遠不知道，前方有什麼東西在轉彎處等你，誤打誤撞來到這個逗趣的主題公園，驚豔不已，那些素人畫家的彩繪有趣極了，遠遠超過我。

chicha de jora s/. 1

這裡的溫差很大，白天太陽出來之後，超級熱，主題公園旁有人在賣 chicha 奇恰酒，我買了一杯來喝。奇恰酒的釀酒傳統可遠溯自印加帝國時代，當時是作為在神殿中祭祀太陽神之用。奇恰酒的製作方法是將玉米煮熟之後，放入口中咀嚼，再放入容器中，之後將容器用布毛毯包覆，以保溫發酵，就成為一種低酒精濃度的發酵飲料，酸酸甜甜，很好喝。

路過小村聚落時，仔細觀察了當地的建築形式，當地除了以燒製的磚塊做為建材之外，更常見的，是就地取材的土磚。

土磚之製造過程

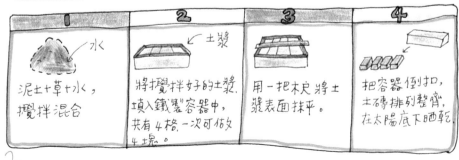

| 1 | 2 | 3 | 4 |
|---|---|---|---|
| 水 | 土漿 | | |
| 泥土+草+水，攪拌混合 | 將攪拌好的土漿填入鐵製容器中，共有4格一次可做4塊。 | 用一把木尺將土漿表面抹平。 | 把容器倒扣，土磚排列整齊，在太陽底下晒乾。 |

結束雕花葫蘆公園之旅，跳上小巴士回萬卡約，轉車前往昨天造訪的 Concepción，巴士很空，因為 Yura 的爸爸怕我沒位子坐，特別叮嚀 Yura 要教我如何去起站坐車，他們真是溫暖的人，若少了他們，我恐怕無法在短時間內摸清門路。在 Concepción 換車，準備前往 Ocopa 歐可帕時，發現 Concepción 人山人海，熱鬧非凡，原來今天有市集和表演活動，我看看時間還算充裕，於是鑽進市集攤位，填飽肚子先。

## 午餐 S/.10

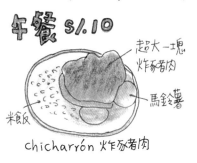

- 超大一塊炸豬者肉
- 馬鈴薯
- 米飯

chicharrón 炸豬者肉

食物用毯子及布蓋起來保溫

CHICHARRÓN
COLORADO
Y DORADO
COMBINADO

火乍豬者肉

天竺鼠

瓦斯

← 這裡的烤豬者方式，簡直就像是滿清十大酷刑。

哇哇哇哇

坐在我對面的那個人，居然在吃 Cuy (烤天竺鼠)
一隻差不多像兔子那麼大

味乖

烤好的天竺鼠，看起來乾巴巴的。

烤天竺鼠是從印加時代流傳至今的美食，市場裡也可見到大家圍著活跳跳天竺鼠論斤秤兩的畫面，但……，我實在沒有勇氣嘗試。

43

若是在台灣，光憑我一個人，絕對無法完食那一大塊油滋滋的 chicharrón 炸豬肉，但在酷寒的安地斯山，我竟然面不改色地吃光它，飽餐一頓後，再換車前往 Ocopa 歐可帕。

Santa Rosa de Ocopa 是一座環境清幽的修道院，在西班牙殖民秘魯期間（約 1533～1826 年），修士以此為據點，向亞馬遜叢林地區傳教，還好我進去參觀時，還有其他遊客也一起參加導覽，不然部份陰森死寂的房間很可怕，光是那些熱帶雨林標本，栩栩如生的動物都快把我嚇死了，不過，那裡有一個很棒的圖書館，收藏了 25000 冊古書，真希望這個圖書館是我家的！

參觀完修道院，火速搭車回去 Concepción，吃甜點，看世足賽。

Sanbito con chancaca

Durasno

arroz con leche 牛奶加米

monanda 紫玉米糖窖

HOL 0:0 ARG

荷蘭、阿根廷纏鬥甚久，好驚險，最後，阿根廷勝！

好羡的圖書館！

哇哇哇

44

7月10日(四) 前往阿亞庫喬

McColin's
TÉ, CANELA Y CLAVO
Disfruta del sabor
y la calidad de siempre
con Mc Colin's.MR
Lo que más nos une
Cont. Neto: 1.4 g

昨天的茶包忘了貼!
肉桂丁香茶
Canela  Clavo

昨天的巧克力是
白巧克力!

白色的

昨天的
水果是桃子!

因為⋯
我想睡覺⋯

你昨天⋯
後來日記寫得很隨便喔!

今天的行程是要坐至少八小時的
車,從萬卡約移動到 Ayacucho
阿亞庫喬,選擇白天坐車是對的,
因為風景很美,且有些路段路況欠佳。

行李條,←
長途巴士會
對行李條
給行李,
讓我安心
不少。

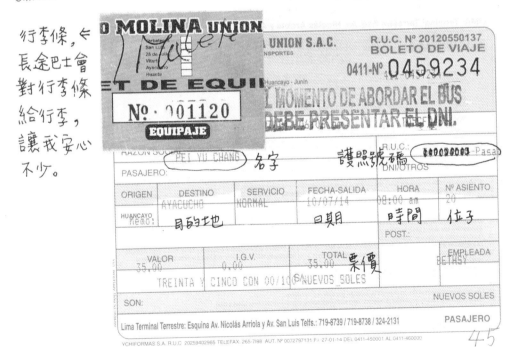

MOLINA UNION
UNION S.A.C.                    R.U.C. Nº 20120550137
BOLETO DE VIAJE
0411-Nº 0459234

No · 001120
EQUIPAJE

EL MOMENTO DE ABORDAR EL BUS
DEBE PRESENTAR EL DNI.

RAZON SOCIAL                              R.U.C.
PASAJERO (PEI YU CHANG) 名字    護照號碼

| ORIGEN | DESTINO | SERVICIO | FECHA-SALIDA | HORA | Nº ASIENTO |
|--------|---------|----------|--------------|------|------------|
| HUANCAYO | AYACUCHO 目的地 | NORMAL | 10/07/14 日期 | 08:00 am 時間 | 20 位子 |

POST.:

| VALOR | I.G.V. | TOTAL | | EMPLEADA |
|-------|--------|-------|--|----------|
| 35.00 | 0.00 | 35.00 票價 | | BETHSY |

TREINTA Y CINCO CON 00/100 NUEVOS SOLES

SON:                                       NUEVOS SOLES

Lima Terminal Terrestre: Esquina Av. Nicolás Arriola y Av. San Luis Telfs.: 719-8739 / 719-8738 / 324-2131

PASAJERO

YCHIFORMAS S.A. R.U.C. 20259402965 TELEFAX: 265-7188 AUT. Nº 0072797131 F.) 27-01-14 DEL 0411-450001 AL 0411-460000

45

利馬 → 萬卡約，巴士車程約8小時
萬卡約 → 阿亞庫喬，車程約8小時。
還好是買白天的車票，前半段車程
是柏油路，但後半段車程是石
頭路，巨大的巴士行駛在狀況
欠佳的狹小路面，
旁邊是深谷，好
幾個轉彎處都
差點撞上山壁，重新後退
好幾次才轉彎成功。

利馬 Lima (156m)
Huancayo 萬卡約 (海拔3244m)
Ayacucho 阿亞庫喬 (海拔2750m)

Pan con Papa
在巴士站門口
買了麵包夾馬
鈴薯來當早餐。

Te Verde
100% Natural

車上居然有個穿
很整齊的人在發表演說，還拿出一本
書。本來以為是導遊，後來才發現
是賣健康食品的，他還向鴨子聽雷
的我拚命推銷。(因我聽不懂而表現
出很想知道的樣子)

開始進入沒有鋪柏油的路
了，車子還在某處陷入路上的洞。

開始出現比比較有人煙的村
子，路比較平了。

46

7:30
8:00
9:00
10:00
12:10
13:00
15:00
16:00
17:30

MOLINA
TOURS

準時出發
車上全是當地人

車子停在某休息站，稍作休息。
目測約有十幾位當地婦女上
車兜售食物，我自己還先準備了
麵包和水果，真是擔心太多了。

跟秘魯人一起坐長途巴士，真的不
必擔心餓肚子，時間一到，他們
一定靠站，好好認真吃個飯，這
個民族好像隨時在吃小零食，
車子常常停下來，讓人上車賣東西。

路旁的樹愈來愈少，開始出現
很多仙人掌。我家要是住在這麼
荒涼的地方，我會哭

抵達阿亞庫喬巴士站。背起
大背包進城找旅館。

另一種物流形式

巴士公司貨物運輸收發處

成堆的貨物

旁邊有電動三輪車 motor 等待載貨

一家巴士公司，一個巴士站，可以帶來多少便利和創造多少就業機會？秘魯境內的郵政及快遞系統並不發達，這些長途巴士公司連帶扮演起貨物運輸的角色，每一間巴士公司專營的路線都略有不同，民眾若有需要，可委託巴士公司運送貨品，連家具都可載！巴士站也不斷地有電動三輪車穿梭協助載人載貨，周邊也有許多小販兜售商品及食物。

2011年舊版

一點也不覺得搭長途巴士很浪費時間，相反地，我很享受這段時光，這可能是我一年當中唯一啥事也不必做，只要看風景就好的時間，在這裡，我什麼也不是，不是誰的誰，我只是我自己，感覺那車窗外的風不但輕拂著白雲，同時也輕輕刷去我心上的灰塵，這樣空白的時間，我第一次有時間可以好好閱讀手上那本旅行指南，大致考慮接下來的行程怎麼走。

通常會把旅遊書用紙包起來，一方面掩人耳目，不要拿在手裡，讓自己看起來像個觀光客。另一方面則是可以隨時在上面記東西，向人問路問事情也可隨時請對方寫在紙書套上，通常會包兩層，一層寫滿，就撕掉，用下一層 47

# Hostal Tres Máscaras

Tel: 31-2921,
ADD: Tres Máscaras 194.

Plaza de Armas

www.ayacuchoperu.com
hoteltresmáscaras@yahoo.com

Lima
Arequipa
San Martin
2 de mayo
Tres Máscaras
🏠 Hostal Tres Máscaras

fresa

本日巧克力：
草莓口味

(fresa = strawberry 草莓)

肥死了！

每晚 45 soles，(不過我覺得這應是双人房價格)。附衛浴，熱水超大超燙. 是舊殖民大宅院改建的旅館，有一個很大的花園，還養了鳥和狗，走廊上有很多老家具和擺飾，舒服自由有安全感，且離市中心廣場超近，生活機能方便，衝著它的熱水，我都想住下來不要走了！(有wifi)

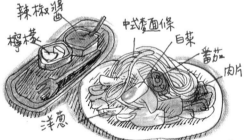

辣椒醬
檸檬
中式麵條
白菜
蕃茄
肉片
洋蔥

Tallarin saltado (炒麵)

為了慶祝今天行程順利，且很快找到合意的旅店，所以上 Chifa (吃飯，中式餐館) 點一盤什錦炒麵，配印加可樂慶祝，什錦炒麵好好吃，可惜沒快應筷子，下次記得帶。

48

在巴士上稍微用心讀一下旅行指南之後，我就陷入了天人交戰，因為 一直很想再去庫斯科附近的小村 Paucartambo 帕卡坦博 參加 Virgen del Carmen 慶典，那音樂和舞蹈至今讓我魂縈夢牽，慶典是 7月15~18日，但由於當地缺乏旅店，所以最好提前一天找當地人家看是否能借宿，從阿亞庫喬到庫斯科的路據說很難走，得耗上一天，從庫斯科到帕卡坦博都是石頭路，狀況也很糟，如果真的要趕這場慶典，勢必會壓縮我停留在阿亞庫喬的時間......，我決定憑第一眼的直覺來決定......，沒想到阿亞庫喬這麼美，背著大背包站在廣場確認方位找旅館的我，讚嘆到說不出話，至於帕卡坦博，嗯～再說吧！

7月11日(五) 庶民社會觀察

早上睡到自然醒,去旅館庭院和狗玩了一下子,然後外出吃早餐,從旅館走到 Plaza de Armas (武器廣場,幾乎每個城市都有武器廣場,而且通常是最大的廣場),一路上我都在亂吃,因為秘魯的失業率太高了,到處都是小攤販這種非正式經濟部門,很難不受到食物的誘惑。

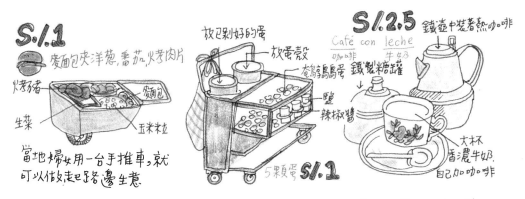

S/.1.1
麵麵包夾洋蔥,番茄,烤豬肉片
烤豬肉
生菜
麵包
玉米粒
當地婦女用一台手推車,就可以做起路邊生意

放已剝好的蛋
放蛋殼
煮鳥蛋的鳥蛋
鹽
辣椒醬
5顆蛋 S/.1

S/.2.5 鐵壺中裝著熱咖啡
Café con leche
咖啡 牛奶
鐵製糖罐
大杯香濃牛奶自己加咖啡

去傳統麵包店,點了一杯咖啡牛奶,真是全世界最好喝的咖啡牛奶,牛奶新鮮又香濃,這間開在挑高的舊殖民建築的麵包店生意興隆,不斷有人上門買麵包,我慢慢喝、慢慢畫。

反面

正面

聖龕塑像是本地著名的工藝品,連書報攤的形式,都是用木頭釘成聖龕的樣子。

這樣匣子不僅可愛,而且方便,兩邊門板合起來,上鎖,就可以打烊下班了。(住在裡面,似乎也不錯☺)

→ 早上去廣場旁
換美金的一張
小收據，匯率
不太好～⊗

.·0·.

.200. x
2·76 =
552. +

retablos（ornamental
religious dioramas 聖龕
雕塑畫屏）是阿亞庫喬的
著名工藝，栩栩如生地
描述宗教故事，又融
入了當地常民生活
於其中。

50

我坐在武器廣場的公園椅上晒太陽，什麼時代了，居然還有像卡通「小英的故事」裡的那種照相機，外型看起來像個箱子，而且還掛著一塊布。

捲起的布景
梳子
抹布
水壺，客人梳頭髮時可沾水

不過傳統老式相機的生意終究不敵新時代的數位相機，背著數位相機的大叔生意很明顯比較

婆婆還手叉腰擺pose.

鏡子
布

好，連坐在我隔壁的婆婆在擦完鞋之後，也去找大叔拍了一張照片，大叔似乎是去廣場旁邊的沖印店沖洗照片，他很快地回來，把剛洗好的照片給婆婆，婆婆很高興地拿照片給我看，呵！真是有趣的婆婆，跑來廣場坐著晒太陽、吃冰淇淋、擦了鞋、還拍了個人獨照。

政府發的背心，口袋很多。

繼『換錢人』之後，我又發現此地另一項特殊行業～身穿綠色背心的『電話人』，此地缺乏公用電話，『電話人』手拿多支手機，不同門號針對不同地區，可以找他們打電話，以秒計費，好方便。51

坐在公園的長椅太久了，不斷地有人來向我推銷商品，有太陽眼鏡、保鮮盒、筆、臉盆……，這公園廣場裡小販賣的東西真是毫無邏輯可言，為了對當地經濟盡一份棉薄之力，我決定來擦鞋，擦鞋大叔指著我那滿布風霜的勁肯鞋，猛搖頭，太骨髒了……，可是，大叔居然把我的鞋子大變身。

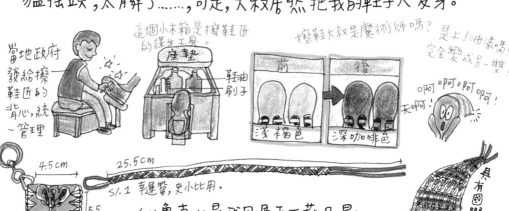

當地政府發給擦鞋匠的背心，統一管理

這個小木箱是擦鞋匠的謀生工具。

座墊

鞋油刷子

擦鞋大叔是魔術師嗎？

是上了油漆嗎？完全變成另一雙！

前　後

淺褐色　深咖啡色

阿阿阿阿阿！天啊！

4.5 cm　　25.5 cm

S/.1 幸運繩，史小比用。

5.5 cm

S/.1 我自己用的幸運帶

具有國際觀的史小比

秘魯真的是我見過手工藝品最氾濫的國家，當地婦女的手實在太巧了，似乎沒有什麼是她們編織不出來的，在 mercado（market 市場）買了小背包鑰匙圈和幸運繩，把鑰匙圈的金屬扣環取下，將幸運繩當成背帶縫在小背包上，這樣史小比就有自己的背包，可以裝他的護照（呃～他的護照被我弄丟了，要儘快申請一本新的！），很久以前就答應要幫他買背包，一直沒看到喜歡的，本日總算達成心願。

（不要看史小比小小的，不起眼，他全身上下可都是舶來品）

52

這裡的人十分熱衷喝mate藥草茶,今天廣場
有藥草茶展售活動,還有圖文介紹,群眾
都很仔細研究,還有人做筆記,安地斯山是許多珍貴植物
的原生地,不過,所有的植物我只認得其中兩種。

**午餐** 又吃chicharrón
**S/.10**

蒸馬鈴薯
(一大個)
炸豬肉(三大塊)
調味過的起士  跟拇指頭一樣粗大的玉米粒

**S/.3**

SURTIDO
(mixed)
綜合

Jugo(juice果汁)

本來是想走回廣場吃雞湯麵,
但肚子好餓,禁不起市場中美食
的誘惑,吃了一大盤炸豬肉,配
一杯綜合果汁,秘魯的果汁不是
用杯計價,而是以果汁機 一機
計價。喝完一杯還可以繼續
倒,撐死了。

飽餐一頓後,原本想回旅館看書,但在路上看街頭藝人表演
傳統音樂,耽誤了一點時間,經過廣場旁的文化中心,發現
中庭有管弦樂表演,水準普通,但還是聽完才走,走回旅館的
路上又發現廣場居然有傳統歌舞表演,天啊!我今天真忙。

女舞者服飾華貴絢麗,有的打赤腳

Marinera馬里內拉舞。背景音樂
是十分奔放歡快的舞曲,這種舞
蹈號稱秘魯國舞,又稱水兵舞。
男女二人透過眼神及舞蹈動作進行
無聲深情交流,男生追逐女生,女生
不斷挑逗閃躲,舞步充滿激情。
(今天上台跳舞的,都是小朋友)

53

上台唱歌的，也是以小孩為主，最小的，年齡只有四歲，雖是小孩，但一開口就令人驚豔，堪稱職業水準，說秘魯人是歌舞的民族，一點也不為過。

4歲
歌姬
還撩起
裙子跳
舞.

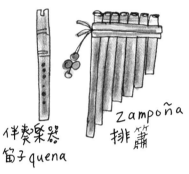

伴奏樂器
笛子quena

zampoña
排簫

→戴禮帽

→像披風一樣的布

→蓬々裙

Charango
十弦曼陀林,看起
來很像小小的吉他

帥氣男生
穿著傳統服飾poncha斗篷，
演奏著charango十弦琴。
是整晚表演的最後壓軸.
這小小的樂器不容小看，
技巧高明的話，可以做出
許多迷人的變化。

活動到八點半結束， 走石板路回旅館，廣場旁
的教堂打上了迷人的燈光，那些迷人的歌聲依然
在我耳邊盪漾，不預期的，總
是最美，更何況，這是一場沒有
54 預約的音樂饗宴。

核桃花生口味

5/1・本日巧克力

7月12日(六) 秘魯歷史

阿亞庫喬號稱秘魯藝術之都，除了有多座巴洛克風格的教堂之外，附近還有Wari瓦里文化遺址，來到這裡，不去參觀一下十博物館似乎說不過去，所以 決定今天要去裝一下氣質。(假文青!)

不過，還沒抵達博物館，就在街上亂吃手搖冰淇淋。(能用這種簡單方法做冰淇淋，真厲害，下次園遊會來賣冰淇淋好了!)

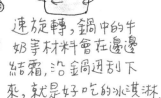

把鐵鍋放在裝滿冰塊的大桶中快速旋轉，鍋中的牛奶等材料會在邊邊結霜，沿鍋迅刮下來，就是好吃的冰淇淋.

△ 外觀簡潔有氣質的十博物館。門票S/.2，管理員邀我一起看世足。55

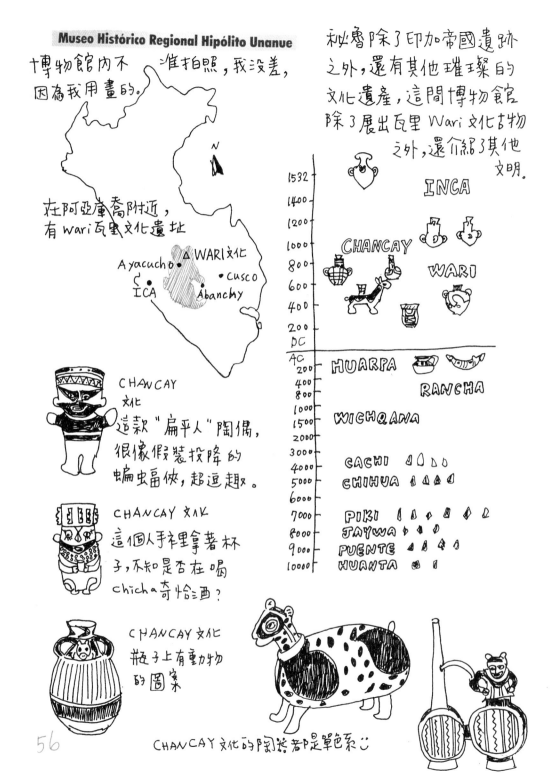

## Museo Histórico Regional Hipólito Unanue

博物館内不准拍照，我沒差，因為我用畫的。

秘魯除了印加帝國遺跡之外，還有其他璀璨的文化遺產，這間博物館除了展出瓦里 Wari 文化古物之外，還介紹了其他文明。

在阿亞庫喬附近，有 wari 瓦里文化遺址

Ayacucho ● △ WARI文化
ICA ● ● Abanchy ● cusco

1532
1400
1200
1000
800
600
400
200
DC
AC
200 HUARPA
400
800 RANCHA
1000
1500 WICHQANA
2000
3000 CACHI
4000 CHIHUA
5000
6000
7000 PIKI
8000 JAYWA
9000 PUENTE
10000 HUANTA

INCA
CHANCAY
WARI

CHANCAY 文化
這款 "扁平人" 陶偶，很像假裝投降的蝙蝠俠，超逗趣。

CHANCAY 文化
這個人手裡拿著杯子，不知是否在喝 chicha 奇恰酒？

CHANCAY 文化
瓶子上有動物的圖案

56

CHANCAY 文化的陶瓷都是單色系

NASCA 文化（陶器是彩色的）（彩繪赤顏色豐富）
納斯卡

  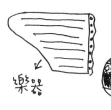

陶器上的畫像都吐著長
長的舌頭

怪鳥咬住豆莢
的圖案

樂器

四臉人陶器

MOCHE 文化（陶器看起來較具象逼真，造型也比較嚴肅不逗趣）
（莫切）　　（色系單一，沒看到啥彩繪）

很逼真的人頭
塑像

居然有色情
陶器　→

VICUS 文化（陶器是單一色系）　　　　　不知是啥動物

水鳥形狀超可愛

CHAVIN 查文文化（黑色系）　　PARACAS 文化（彩繪陶器）

→ 樣子很兇

57

秘魯各種不同的文化
分布圖

白令海峽

△VICUS

△MOCHE
△LAMBAYEQUE
△CHIMU
△RECUAY
△CHAVIN

△CHANCAY

△LIMA

△PARACAS
△ICA-CHINCHA
△NASCA △WARI △CUSCO
△INCA

△CHIRIBAYA
TIWANAKU

北美洲、
中南美洲
的印第安
人,其祖先
來自亞洲,
他們利用某次
冰河期時,
海面結冰,
成功越過白
令海峽,之後
南下,一路輾
轉遷移。

這塊土地
上,文化絢
麗多采,超乎
我的認知與
想像,我想,若
不是哥倫布發現
新大陸,西班牙
人殖民於此,世界歷
史恐怕要翻轉改寫,
也許我們會被印第安人統治!

印加 Inca 文化的陶器 (少彩繪)

CHANCAY 文化的木乃伊

好害怕

58

Chancay文化的陶器〈單色，無彩繪〉

很多瓶子用人臉為造型，瓶子的兩個提把，看起來好像人的手叉腰，真可愛 :)

Wari 瓦里文化

工具

HUADURA

PRINCIPALES PRODUCTOS CULTIVADOS POR WARI

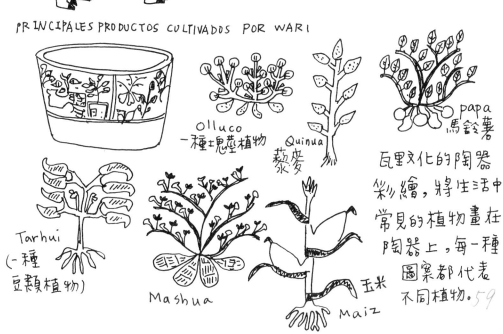

Olluco
一種塊莖植物

Quinua
藜麥

papa
馬鈴薯

Tarhui
(一種
豆類植物)

Mashua

玉米
Maiz

瓦里文化的陶器彩繪，將生活中常見的植物畫在陶器上，每一種圖案都代表不同植物。59

記錄一下今天吃的東西！

Sopa : Wantan
(湯)　（沒錯，就是餛飩）

在CHIFA(吃飯)
點餛飩湯，裡
面還加了蔥和很
多青菜！不過，湯
有點鹹，下次要記得提醒老
闆：Poca Sal. 少鹽。

博物館管理員　居然在
我　博物館
看球賽

今天世足賽冀肋之戰，巴西對荷蘭
0:3，巴西今年真是灰頭土臉，明天
是總冠軍賽，我不可再記錯時間
了！(居然在博物館裡看世足
賽，管理員說沒看完的廳明天
再來看，不算我門票錢！還好沒
錯過看比賽!)

下午茶：咖啡 + Empanada
有附一小片檸檬

熱水
濃咖啡

Empanada是一種在西班牙
及南美洲常見的夾有餡料的
點心。有點像台灣的咖哩
餃，我點了 Carne(meat) 口味。

今天還碰上一樁騙局，
原本我以為南美洲的騙人
伎倆不外乎吐你口水、噴你
果汁或蕃茄醬，然後假裝幫
你擦，走之機偷走你的東西，
然而今天居然又被我遇上金
光黨，我走在街上，突然有個東

西掉在我腳邊，　我不引以為意，但有個中年男子在我旁邊，
把那東西撿起來，居然是用紙包著三捆美金(有一面還故意
露出美金的印刷圖案!)，那人指指天上，意思是這是天上掉
下來的，我面無表情，不打算理他(天下哪有這麼好的事!)
他打個手勢說「那我拿走了喔!」，我完全沒反應，他於是
用手勢表示說:「你也看見了，不然錢分你一半」，我對這種事沒
興趣，轉身離開，但我突然明白了：這是金光黨！

60

參觀完博物館，搭小巴回市中心，　在某教堂廣場跳下車（教堂廣場實在太多了！），殊不知又有一場傳統歌舞表演在那兒等著我！

教堂前，當地人以巧手將竹子編成一個立體模型，裡面藏了很多機關，不斷地有漂亮有設計感的煙火，在黑夜中令人驚豔。

小提琴

鼓

這個稱做 WACRA PUCO（或稱 waqra Pucu）的樂器是用牛角一段段接起來的，用吹的，聲音十分低沉。

秘魯豎琴 Arpa
真是優雅的樂器，聲音很清亮，像不食人間煙火的仙子，當初是歐洲傳教士將它帶進秘魯，現今高地的本土音樂常見 Arpa 演奏，不同於西方豎琴，秘魯豎琴有個既深又寬的音箱

↘ 兩位歌手，唱的是高地傳統民謠，民眾或是唱和，或是隨旋律圍成圈圈跳舞。

PRINCESA　Po13

本日巧克力 S/1
本日水果是一大袋杏桃。

# 7月13日(日) 基努亞陶藝小鎮

當地婦女用毛線編織的手指娃娃紀念品,很受歡迎。

我又失心瘋亂買毛線編的手指娃娃了

每個 s/.1

我的玩具

居然買了好幾十個!(暈)

到處都是仙人掌

Quinua

途中會經過Wari 遺址

Ayacucho

貨物好多!

車資 s/.4 ,約一小時,山路有點陡,下午車子會非常非常擠,當地人會在小巴上堆滿貨物.

小巴中,連同司机.差不多擠了20人.

這個週末仍留在 Ayacucho 阿亞庫喬是對的,連著兩天廣場上都有熱鬧的活動,當地的軍人及學生出來表演以及盛裝遊行,七月是安地斯山區很多重要民俗慶典及官方活動進行的時間,(七月28,29日是秘魯的獨立紀念日慶祝活動), 站在廣場看完閱兵遊行,許多中小學生在廣場上蹦蹦跳跳、吃冰淇淋,我也忍不住又去買了手搖冰淇淋來吃,今天是週日,許多商店都沒開,市區顯得冷清, 決定搭小巴士去離 Ayacucho 34公里的Quinua 基努亞陶藝小鎮。

Quinua 基努亞有個小規模的 Sunday market，都是當地人來販售蔬果及生活日用品，廣場前的大草地正進行著足球比賽，當地人頂著暖呼呼的太陽，一邊吃小零食，一邊看足球比賽，太陽出來之後，氣溫直線上升，快被晒昏了，　躲在小店陰涼處，喝著冰涼的啤酒，一邊吃著從市集打包的炸豬肉、玉米及馬鈴薯（這次還加了洋蔥和九層塔），看當地人踢足球，真愜意，人應該要如何記住當下的感覺呢？別想要記住某種感覺，當下的感受及享受最重要。

別忘了你是來減肥的

5/4

5/10

63

家戶屋頂上都立放了精巧
可愛的陶塑，很吸睛。

64

Quinua基努亞在秘魯獨立史上佔著極重要的一頁，
革命將軍 Sucre 蘇克雷率軍在此地與西班牙殖民軍
決戰，以少勝多，取得勝利，西班牙殖民軍只好在投
降書上簽字，這場標誌性的戰役使得西班牙在
拉丁美洲最後一個總督區走入歷史。在 Quinua 基
努亞小鎮中心廣場旁有個博物館，展出介紹南美獨
立戰爭的圖片、相片及槍炮彈
藥等實物。　　　革命英雄 ➡

① Generalísimo don José de San Martín
② El Libertador Simón Bolívar
③ El Mariscal Antonio José de Sucre

①聖馬汀　②玻利瓦爾　③蘇克雷

Museo de Sitio de Quinua

這幅油畫描述當年的簽字場面.

65

世足冠軍決賽！

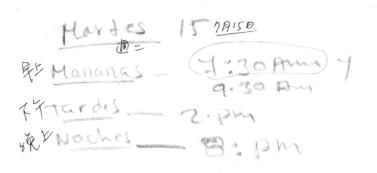

博物館超迷你，一下子就逛完了，出來時發現博物館
管理員不見了，遠遠瞄見她在另一邊的雜貨店，原來是
在看世界盃轉播，今天是世足冠軍決賽，德國對阿根廷，
這個國家的博物館管理員真好笑，都不管觀光客是
不是會把博物館整間偷光，只顧著看轉播，雜貨店
阿公也拉把椅子給我坐下來看，我一直等到看完頒獎，德
國隊不斷親吻獎盃....，才跳上小巴士回阿亞庫喬。

本日奇怪水果
Pacay
約12cm的豆莢(綠色)
裡面有4~5顆果實，果肉是白色
的，很甜，子是黑色的！

回旅館的路上，順道去
買週二要前往Andahuaylas
的票，我的目的地是庫斯
科，但沒有直達車，得在
Andahuaylas換車，上次有
個英文流利的人告訴我如何換車，
但今天只有不懂英文的老闆娘在，只
好寫紙條溝通，紙條傳來傳去，
我都忍不住笑出來了，要看桌上的表選
位子，我猶豫不決，老闆娘於是叫小
弟直接帶我去看車子，當場選位。

我選前
座，司
機要迅
的位子，
希望路
途不要
太刺激
！66

| CROCIS TOYOTA 5L | | | |
|---|---|---|---|
| PILOTO | 2 | 1 | |
| 3 | 4 | 5 | PUERTA |
| 6 | 7 | P A S I L L O | 8 |
| 9 | 10 | | 11 |
| 12 | 13 | 14 | 15 |

巴士選座位表

7月14日(一) 教堂素描

　從旅遊中心拿到的地圖上標示了阿亞庫喬的43座教堂，今天沒什麼事，就按圖 索驥，走訪這些仍在使用中的教堂。

Cathedral (1672)

Iglesia de Santo Domingo (1548)

Iglesia de La Merced (1541)

Iglesia de San Francisco de Asis (1552)

67

Iglesia de Santa Teresa (1703)

Iglesia de Santa Clara (1568)

Templo de San Cristóbal (1540)

68

Iglesia de San Agustin (1637)

Templo, San Juan de Dios (1555-1627)

（殖民時期的大宅院）

Museo Andrés Avelino Cáceres (門票 S/.2)

阿亞庫喬的城市氛圍和庫斯科很像，但卻不像庫
斯科那麼觀光化，這座文化古城有一種常民生活的
氛圍，且城市的大小剛好，靠著步行就可以繞走想
參觀的景點，這裡仍保存許多殖民時期的西班牙
風格大宅院，美麗的拱門、迴廊、紅及白牆、或者是暖
黃色的牆配上精緻的木頭雕花陽台，走進石砌門
框那厚重的木門之後，是寬廣大氣的庭院，柱腳牆
邊的雕刻訴說著濃濃的歷史感，這些都是活的
古蹟。銀行、警察局、藥房、餐廳，……等，都進駐其中，
延伸著建築的生命，走在這座古城中，每一步都是
感動，不論白天或黑夜，都有它無可取代的風情。69

→ cuy!
天竺鼠

Museo Andrés Avelino Cáceres 這座大宅院改建的博物館雖然有點雨光,不過大宅院本身很美,收藏的一些傢具也蠻有氣質,比較讓人吃驚的是,裡面有一幅宗教畫:最後的晚餐,放在畫中餐桌正中央的,居然是天竺鼠!嗯,西班牙人當初侵略與傳教並進,但天主教的傳播,也免不了要「在地化」,而混合當地的文化,就像很多教堂是在印加神廟的地基上蓋起來一樣,天竺鼠上了最後晚餐的餐桌,也就不足為奇了。

早餐:Desayuno (breakfast)

S/.3

Cau cau
米飯,配上燉煮的馬鈴薯
(加了胡蘿蔔.青豆.羊雜一起燉煮)

maté 藥草茶

午餐:Almuerzo (lunch)

Sopa 湯: Caldo de pollo 雞湯麵
(喝完就飽了)

S/.5

主菜:
米飯
生菜沙拉
maté
炸豬肉
用番茄去燉煮得紅紅的馬鈴薯
主菜名為:Puca piconte

70

本日奇怪水果：Kapole

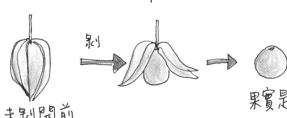

剝

未剝開前

果實是黃色的，口感有一點點像
蕃茄，又不太像，酸甜很好吃

順便去了網咖：半小時 S/. 0.5

因為之前拍了很多歌舞的影片，但可能
是檔案太大，每次要把 SD 卡上的影片
藉由 ipad 傳到
無線硬碟
總是會失敗，

乾脆上網咖備份比較安
心，順便把無線硬碟中的

我（心應中）
很得意的
二手貨：
無線
硬碟

不是叫你出門
前要練習一下檔
案傳輸嗎？

peter 好東西到你手上
也不會用

資料夾整理一下！我的讀卡機不知為何沒反應？還
好老闆一直偷偷觀察我這個雞同鴨講的白痴
觀光客，適時伸出援手，借給我一個讀卡機。

Cáceres
N
↑
Bellido
Callao
Plaza de
Armas

Arequipa

LA DULZURA DE
MEGA ALIMENTOS
CAFÉ
門牌號碼：223, 225

我最♡的麵包甜點店，我每天都
去喝 Café con leche (咖啡牛奶)

科技總是讓人煩惱，現在
旅途上的背包客愈來愈少交
談了。旅館總是有 wifi，
背包客都窩在房間滑手機
跟平板電腦，我們好像
也把"宅"的習性帶出來
旅行了。

7/

# 7月15日(二) 難忘的公路體驗

1980年代，Sendero Luminoso (shining Path 光輝大道) 游擊隊在中部高地活躍，當時這一帶是旅客勿入的禁地，連政府也無法控制這個地區，Ayacucho 阿亞庫喬及其周邊落入游擊隊手中，死傷無數，直到游擊隊首腦在1992年被捕，游擊隊勢力凋零，阿亞庫喬這座文化古城才恢復平靜，得以和外界連繫，然而，也是拜游擊隊之賜，這座古城才能因遺世獨立而保持一種純樸低調的氣質。

要離開阿亞庫喬，往中部高地更深入了，雖然光輝大道游擊隊的勢力早已式微，但這杳無人煙的荒野高地，政府難以掌握治安，為了避免歹徒攔路打劫，我儘量在白天搭車，並儘可能一大早出發，只是書上說，這一帶的路況很差，旅運時間變數大，且從阿亞庫喬到庫斯科沒有直達車，必須在 Andahuaylas 換車，至於時刻表，要到了當地才知道，我只能隨遇而安了。

行李綁車頂

從阿亞庫喬出發，小巴士是新車，一開始路況極佳，柏油路鋪得平整漂亮，真感謝巴士公司老闆娘安排，讓我坐在司機旁邊，座位寬敞舒服，且可恣意開窗欣賞風景，這一路的風景和上次從萬卡約到阿亞庫喬很不一樣，這次是一大片開展、蜿蜒到天際的高山草原帶，蒼茫壯闊，是當地人的夏季牧場，每一回，巴士停下來等待牧民驅趕羊及羊駝通過，我總是欣喜雀躍地按下相機快門。

72

小心牛

Alpaca 羊駝

羊駝毛料十分保暖,是本地重要紡織原料。

一路上,可以看到『小心動物』的警告標誌,草原上也可看到圈養牲畜的圍籬,轉場過後的牧場總會遺留下幾圈印記,那是曾經在此生活的痕跡。

旅行的過程中,我最喜歡坐飛機及坐車了,因為那是起始點與目的地之間的『過程』,可以什麼都不想,呆呆地坐著就好。

腦袋空空 肚子飽飽

坐在前座,怕太陽晒,戴了帽子和墨鏡,還緊緊抓著零食包!

杏桃4個

NatuChips 地瓜片一包,這是我最愛的片零子

麵包2個

tecano 巧克力

在 Andahuaylas 換車,雖然這裡有許多巴士前往庫斯科,但大部分是夜車,我選了較貴較舒適的 bus-Cama (bed bus),這種長途車,如果搭便宜的 económicon bus,椅背無法調整,應該會很辛苦吧!巴士是晚上8點發車,我得在 Andahuaylas 等7小時,我先把行李寄放在巴士站,再爬上又陡又長的階梯,去 plaza de Armas 武器廣場覓食,有間漂亮的餐廳的午間套餐只要 s/.6,雖然餐點名稱不是我熟悉的單字,但我還是鼓起勇氣去試。

Sopa (湯)

主菜

米飯搭配馬鈴薯.雞肉及醃漬橄欖.奶油醬汁濃郁且帶有核桃香氣.

附贈果汁一大壺

美味的湯,加了牛肉、麥片、馬鈴薯及芹菜

aji de gallina
(Shredded chicken in spicy walnut sauce)

73

吃飽了，去遊逛傳統市場，順便問問毛毯的價格，希望上天保佑我明早六點可抵達庫斯科，可以來得及趕上第一班前往 Paucartambo 帕卡坦博的巴士，節慶活動是 15～17日，希望我趕得上，至於住宿，恐怕沒著落，只能走一步算一步，最糟的情況是去買毛毯，然後露宿街頭……，若真那樣，也只好接受了。

從 Andahuaylas 到庫斯科，我坐在巴士上層第一排，隔壁

生了一個頗帥的瑞士金城武，車上只有我和他兩個外國人，所以被安排坐在一起，這趟夜車，是我這輩子最恐怖的乘車經驗，山路很彎，司機卻沒減速，每一個轉彎，都讓我覺得自己會飛出車外，路況奇差，碎石路面滿是坑洞，我的左側窗戶外就是懸崖，嚇得我不停默禱，把我知道的各國神明都請過來，揪著心以為自己即將葬身谷底，這個政府怎麼可以准許巨大雙層巴士在夜間行駛於這種山路呢？在半夢半醒之間，司機停車了，要乘客全部下車，我以為我們被歹徒設路障劫了，精通英法德西四種語言的瑞士金城武翻譯解釋說，因為路面出現大坑洞，司機要大家下車走過去比較安全，他提醒我要裹著毛毯，因為車外是零度低溫。

# 7月16日 (三) 帕卡坦博節慶

Paucartambo 帕卡坦博 3200 m

Ayacucho 阿亞庫喬 2750m

Cuzco 庫斯科 3326 m

Andahuaylas 2980 m

Ayacucho → Andahuaylas, 5小時, S/.30, 小巴士
Andahuaylas → Cuzco, 10小時, S/.35, 大巴士
Cuzco → Paucartambo, 3小時, S/.20, 大巴士

經過一整晚的『碎石路與坑洞震撼教育』,清晨六點半抵達庫斯科,真有種去力後餘生的感覺,旅遊書上提到從 Andahuaylas 到庫斯科要花上 22 小時車程,但我只花了10小時,可見得 這兩年的時間,這段公路還是有修得稍微進步一點(苦笑～)。為了爭取時間,我拜託一位大叔幫我攔了一輛計程車,迅速載我到前往帕卡坦博的巴士停靠站,沒想到那條路上竟停了十幾輛巴士,可見得節慶的吸引力之大,我迅速跳上一輛即將客滿的巴士,又是碎石山路,坑坑巴巴地,但我已經沒在怕了。這麼多人要去參加節慶,看來我是不可能找到旅館可住,但我願意受罪,因為我隱約感覺到小鎮在呼喚我,那些音樂.舞蹈.服裝與面具後面,涵義深遠,而不僅只是飲酒作樂.狂歡而已。

小鎮信仰中心:教堂
↓

小鎮典型建築:白牆、藍色門框、窗框與藍色小陽台

住家在自家陽台掛起一塊漂亮的布,響應慶典活動

75

Virgen de
Carmen
聖女卡門

聖女卡門在天主教裡有崇高的地位,西班牙將天主教帶進殖民地,因此南美洲國家也信奉聖女卡門,7月16日是聖女卡門的生日,成千上萬虔誠信徒會聚集在教堂舉行盛大活動,抬著聖女神像遊行。然而在安地斯山區,這個節慶的內涵卻隱藏了天主教信仰與哥倫布發現美洲之前本地的泛靈信仰,兩者之間的衝突與融合過程,對這裡的人而言,聖女卡門不僅只是天主教的神祇而已,更是大地之母(秘魯人認為大地之母的化身 Pachamama 帕恰媽媽是賦予土地陽光、水和生命的造物主),在7月15~18日的節日期間,有彌撒、遊行及舞蹈活動,遊客擠爆帕卡坦博的街道,這個寧靜小鎮旅館全爆滿。當地人會出租自己的房間,廁所和洗澡間也很搶手,也有很多遊客搭帳篷過夜。

HOSPEDAJE Kukuli 地理位置超好
(旅館) ↑

MUSEO DE LOS
PUEBLOS DE
PAUCARTAMBO
博物館

MINISTERO PUBLICO FISCALIA
DE LA NACIÓN
政府辦公室

我本來是有露宿街頭的打算(不少人裹著毛毯露宿街頭),但看到教堂旁的 Kukuli 旅館仍忍不住進去詢問,進去之後才知這間大宅院一、二樓有一半是政府辦公室，另一半則是旅館房間，但已由旅館主人提供給節慶舞群之一的 Auqa Chileno（智利舞）舞者做為休息站。全數客滿……。歷經將近二十小時車程的我，只能用「灰頭土臉」來形容，碎石路的灰塵把我和　　行李全弄成黃土色，沒有一處是乾淨的！政府辦公室的警衛看我一臉慘相，要我先把行李拿到政府辦公室的行李間去放，先出去看節慶遊行、拍照，他來幫我想辦法。

16日是這幾天節慶的重頭戲之一，上午在 Plaza de Armas（武器廣場），Qolla舞者站在木頭搭建的架子上，丟一些水果、玩具、生活日用品給台下的群眾，是活動高潮，各舞群也跟著出動，從教堂前一路跳舞、跳到武器廣場，再往橋上移動。我在橋邊拍完照，順便去旁邊的菜市場吃午餐，喝了一大杯咖啡牛奶。再去參觀全新落成的博物館。

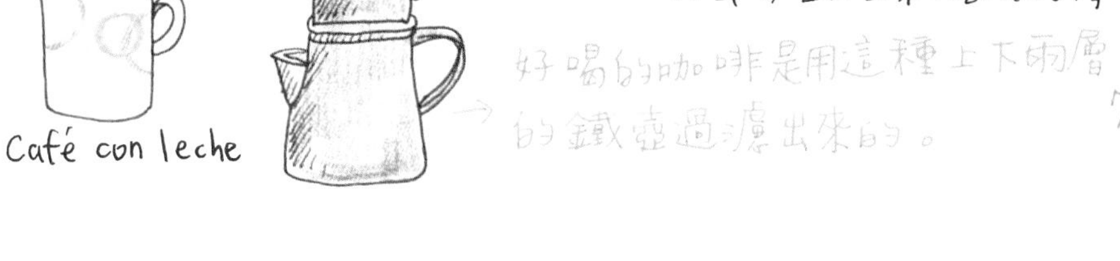

Qolla
舞者
↓

s.12
咖啡牛奶

Café con leche

好喝的咖啡是用這種上下兩層
的鐵壺過濾出來的。

77

MAMACHA DEL CARMEN RUTA RELEGIOSAS. REDES DAY OY RITMOS DE LA FE

MUSEO DE LOS PUEBLOS DE PAUCARTAMBO

十 博物館開放時間：

週一～週六： 8:30 am ～ 12:30 pm

2:30 pm ～ 05:00 pm

週日： 8:30 am ～ 12:30 pm

# Tawantinsuyu

chinchansuyu

Antisuyu

Cuzco (Qusqa)
庫斯科

Cuntinsuyu

Collasuyu

Inca Empire（印加帝國）在 Quechua 克丘亞語中的意思是 Tawantinsuyu （意為 "四方之地 "）

$\begin{cases} Tawa = Four \\ inti = Sun \\ Suyu = direction，有行政區劃之意 \end{cases}$

國土分四部分
也就是四個suyu $\begin{cases} \underline{Chinchansuyu} \\ \underline{Antisuyu} \\ \underline{Cuntinsuyu} \\ \underline{Collasuyu} \end{cases}$

國土以庫斯科為中心，"庫斯科"在 Quechua 克丘亞語中有 "肚臍"之意，象徵世界的中心，為了統治國土，帝國修建了從庫斯科出發的 Inca Trail 印加古道，堪稱印加帝國的 "羅馬大道"，方便治理廣大的國土，並在大道兩側設有驛站 tambo，讓信差傳布消息時，有休息的地方，且驛站旁設有糧倉補給，平日收稅所得儲存於倉庫中，收稅管理員用 Quipu 基普（結繩記事）記錄稅收或重要事件，遇需要，就開倉濟民，且國家軍隊出征時，也靠這些驛站做為通訊或補給來源。Paucartambo 帕卡坦博 地名中的 "tambo"即為驛站之意，附近還有印加古建築及古道遺跡。

78

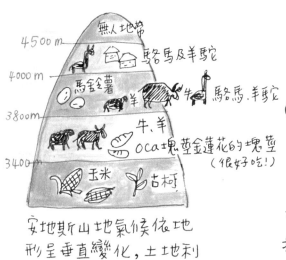

4500 m —— 無人地帶
　　　　駱馬及羊駝
4000 m —— 馬鈴薯　　牛　駱馬、羊駝
3800m —— 羊
　　　　　牛、羊
　　　　　Oca塊莖金蓮花的塊莖
3400m ——　　　　　　　（很好吃!）
　　　　玉米　　古柯

安地斯山地氣候依地
形呈垂直變化，土地利
用方式也隨之不同。

因為有這套道路系統，使
得帝國的濱海沙漠、中央
山地及熱帶雨林
Atacama Desert 阿他加馬沙漠
(Andes mountain)　(Amazon basin)
安地斯山地　　　亞馬遜盆地
的物產得以互通有無，而
帕卡坦博位於 Antisuyu
地區的中心，在古帝國時代
扮演了重要的社會、經濟及
宗教交流角色，尤其是在
帕卡坦博谷地種植的古柯葉，後來在西班牙殖民時
期，西班牙利用印加帝國的道路系統，將古柯葉運往
Potosi (波多西，產銀，現在在玻利維亞境內)。西班牙強
迫印第安人在波多西採銀礦，而古柯葉的藥理效用
可以讓奴工忘記飢寒、提振精神。(我寫日記寫到
飢寒交迫，電湯匙居然壞了，不能燒熱水，只好用
吹風機取暖，我是不是應該來嚼古柯葉啊?)

當地人嚼古柯
葉都是一大把塞
進嘴巴，把臉
頰塞得鼓鼓的!
(太冷了，手發抖，一直寫
錯字)

今天政府辦公室的警衛說要把他行
李房的床讓給我睡，後來辦公室
有位先生說這樣不好，夜裡太冷了，
他去找了旅館經理，請他想辦
法在舞者隔壁房間弄出一張床，
多放兩層毛毯讓我睡，好感動。79

我住的旅店是間大宅院，是Auqa chileno舞者的休息、站，他們在此休息、用餐、盥洗及睡覺。不，他們根本沒睡覺，他們一直唱歌、狂歡、與群眾共舞，一直到深夜，連附近其他隊伍也把駱馬牽來這裡跳舞。

7月17日(四) 節慶田野觀察

今日的活動是節慶最高潮，起個大早，打算先去市場喝杯咖啡，卻看到廣場旁大排長龍，我猜是在排下午人魔大決鬥的看台票，不管了，先排再說，主辦單位在我的手背上蓋印，寫上 "185" 號，不知道買得到票嗎？如果買到看台票，就可以舒服又安全地坐在高高的看台上看人魔大決鬥，而不必擔憂遭推擠，也不怕被魔鬼捉弄……，排到覺得有點無聊的我，索性掏出日記本，為身後的教堂來張速寫。但眾目睽睽，我草草打了輪廓，有點不好意思，於是又將本子收進包包，聽到身後有兩個人用英語交談，對話內容及語氣不像朋友，倒像是導遊和遊客，其中一個亞洲人問我會不會說中文，原來他來自新加坡，我們開始閒聊，這是來祕魯後第一次開口說中文，真暢快，他說12年前就來過祕魯，這次和朋友舊地重遊，朋友去印加古道健行了，他花大錢請旅行社安排到此體驗節慶，卻沒弄到旅館床位，只好搭帳篷，他及導遊很訝異我居然可以有旅館住（其實我自己也覺得很神奇，應該有小天使在幫我指路吧！），他熱心地將這幾週旅遊祕魯及玻利維亞的資料分享給我，真感謝！耗了兩個多小時，這次沒有小天使幫忙，我們沒買到票，只好放棄，迅速往墓園移動，因為從上午八點開始，那兒有盛大的活動，錯過將非常可惜。

81

# 呼喚祖靈， 愉悅卻不失莊重的追思活動

進墓園追思祖先必須把面具拿下來，連扮演魔鬼的Saqra

**saqra舞者**

舞者也把他們臉上青面獠牙的面具取下。

FAMILIAS BUENO i VALDIVIESO

掛滿面具

QHAPAQ NERGO 舞者

黑手套

黑人面具

巾帽子

QHAPAQ NERGO 舞者的歌聲渾厚感人，最令我動容，我特會地錄音留念。

QHAPAQ NERGO 舞者將帽子取下，放在十字架上，臉上的黑人面具也取下，放在墓前，這支扮演黑人的隊伍，是為了紀念殖民時期在沿海棉花田、甘蔗園，甚至秘魯或玻利維亞礦區被奴役的非洲奴隸。

頭套拉起來→

聖卡門像

啤酒灑酒在墳墓上

Q'apaq Qolla 舞者

Q'apaq Qolla 扮演南方來的商人，戴著毛線編織的白色頭套，總是趕著駱馬，身上掛了一大堆東西。在墓園，他們會把遮住全臉的白色頭套向上拉起來，表示對祖先的尊敬

Q'apaq Qolla 舞者
會跪下來親吻先人
的墓，並做了祈禱
的動作

大家的服裝
都好閃亮

CHUCCHU 舞者

黃色
臉頰

靴帽

黃色沙包
(會用這
個打群眾)

針筒

護士服

大針筒

面具

黃色 面具全摘下來.
放在墳墓上

CHUCCHU 舞者是暗喻安地斯山居民到熱帶雨林工作,感染
瘧疾,因高燒及畏寒而發抖不止,而 CHUCCHU 在節慶期間來
帕卡坦博,得到聖女卡門的祝福,就成功治癒了疾病.

戴黑面具的 Negrillos
舞者亦是感念過去殖
民時期的黑奴, Negrillos
穿著華麗,象徵黑人
在農忙之餘,或節慶
時會演奏屬於自己的
音樂,並且跳舞歌唱.
在墓地前, Negrillos

Negrillos
舞者

一鞭子

黑人面具全摘下來,
放在墓前,面具上的黑
人畫像還掛著
淚水。↓

腳上有
鐵鍊

樂器
(可轉發聲音)

舞者會表情凝重地接受三下鞭打,打完還會親吻鞭子,並相互
擁抱,藉由這樣的形式,讓他們記住祖先所受過的苦。

83

黑人奴工來自非洲，從利馬往波多西的路上苦難的他們發現了聖女卡門。他們將生命、信仰，希望寄託在聖女卡門身上，以歌舞向她致敬祈禱。

QHAPAQ NERGO

Q'apac chunchu
充分演聖女卡門的待衛，是武士的化身，穿多彩服飾，頭戴飾有羽毛的皇冠。

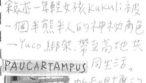

象徵來自南方的商人，帶了很多商品來交易。

Q'apaq Qolla

---

穿著彩虹工服鮮豔的衣服，頂著一頭亂髮，戴著邪惡動物面具，象徵惡魔。聖女卡門遊街時，saqra會站在屋頂及陽台上挑釁爭取注意。

Saqra

此舞蹈暗喻瘧疾，安地斯山居民至叢林工作而染上瘧疾，冷熱交替發作而發抖，CHUCCHU節慶時來到帕卡坦博，將聖女妹門的祝福帶回叢林，使居民都痙攣了。

CHUCCHU

殺述一年輕女孩kukuli被一個半熊半人的神秘角色一Yuco綁架，帶至高地共同生活，帕卡坦博的居民發現kukuli失踪，前去解救，殺了Yuco，救回kukuli。

PAUCARTAMPUS

---

是殖民時期Canchis省的典型舞蹈，起源於神話，慶現對玉米神的崇敬，玉米是該地區人民之主要糧食。

MISTI K'ANCHI

令人回想1879~1883，利必魯和智利為了搶奪硝石礦，而引發的太平洋戰爭，秘魯戰敗割地，是一段沉痛歷史。

AUSA CHILENO

象徵從前在甘蔗園葡萄園工作的黑人，一天工作結束之後，夜晚待在小furnace唱歌跳舞，調弄雇主...，此舞蹈用以紀念過去黑人奴工所遭受的磨難。

Negrillos

---

淘氣變惡作劇的Maqtla其實承擔維持節慶秩序的責任，舞蹈虐謔讓幽默，諷刺殖民時期西班牙人對印室率原住民的壓榨。

Maqt'as

成員揹帶麵木盒，鐘盤面包的鏟子，麵包盒等穿，戴白色帽子和圍裙，舞者是由未婚男女組成，隨節奏表演做麵包的過程。

PANADERO (Baker's dance)

此舞蹈由16對未婚男女組成，分成4組，有10段旋律及舞步，男舞者稱Waynas，女舞者稱Qoyacha，生動的舞步象徵年輕初萌萌的愛戀。

QOYACHA

Maqt'a在Quechua語義"男孩"。

WAYRA

扮演祕中角色，諷刺過去歷史上不公平的法律。諷刺西班牙殖民時期對當地人的迫害，舞踏中 Wayra 要彎下腰，並以戲謔方式詢問一連串的問題。

拿著啤酒，戴寬邊帽，穿皮衣，有時騎馬，扮演商人的角色。來自述從前 Majeños 峽谷的釀酒釀人戴酒莊商品和帕卡坦博的釀酒釀人家屋。

Majeños

contradanza

此舞蹈源起歐洲（波蘭、法國及西班牙）是一種模仿方塊舞的優雅舞蹈，跳此舞時排成兩列。

→牛鬥牛！
象徵殖民時期從伊比利半島傳來的鬥牛活動。wakaˊ在 Quechua 語中是"牛"的意思

wakawaka

chunch'achas

舞者的頭後面裝飾著羽毛一大串，代表從叢林地帶來的文化。她追隨聖女卡門，舞蹈充滿活力，繽紛的服飾象徵大自然賜與的花、鳥動物。

聖女卡門
the Virgin of Carmen

Danzaq 是由西班牙王平話語改寫為 Quechua 語的字，指狂熱的舞者，展現對男人生命週期之崇敬讚揚其與自然之互動關係，當地族此起源認為男人來從三界上層下界。下層「惡」中當生產力之代表

DANZAQ

代表印加帝國時期的戰士，展現如重返帝國時期征戰的勝利光榮輝煌。

K'ACHAMPA TUSUQ

85

從墓園出來之後， 簡直要餓昏了，先到旁邊的市集胡亂吃點東西，這個節慶活動的某些方面似乎很有制度，至少那些攤販不是亂擺攤，而是隱然有一種秩序，在用餐過程中，也有看到相關單位來稽查。吃完中餐後， 到

如果門上插了一根桿子，末端有紅布或紅色塑膠袋，就代表是供應 chicha 玉米啤酒的地方。

500 c.c.
只要 S/.015

旁邊的 chicha 酒吧喝了一杯玉米啤酒解渴，酸酸甜甜，又帶一點點酒精濃度，當地的常民飲料，超便宜。

酒杯才剛放下，又聽見音樂聲響起，原來是聖女又被用轎子抬出來遊街了，終點是 Puente Carlos Ⅲ（一座以西班牙 Carlos 三世命名的橋）。

Sagra

聖女卡門遊街時，Sagra 一頭亂髮，身著彩虹衣，站在陽台及屋頂上。不斷緩慢揮舞手中的道具，吸引人群注意。聖女卡門一臉淡定地被抬著離開，街道兩側住家紛紛從陽台上撒下花瓣辛。（舞者會提醒觀眾脫帽，去達敬意）

看完遊行，想回旅館拿雨衣，但人潮實在太擁擠了，且 3:30pm 的人魔大決鬥就要開始了，得搶個好位子才行，沒買到看台的票，但順利佔到人行道第一排的位子，不過那也是最靠近鬼，最容易受到攻擊的位子，我花 s.13 向小販買了一件雨衣，再用塑膠袋把相機套好，全面警戒，這場人魔大決鬥是 Qollas 和 Q'apac chunchu 之間的游擊戰鬥，Qollas 不斷捉弄圍觀民眾，拿薰香陶盆東奔西跑，saqras、waka waka 和 Maqt'as 也隨之加入，panadero 拿麵粉及麵包丟群眾，CHUCCHU 拿沙袋打人，還有 Majeños 拿啤酒拼命搖晃噴路人，還好我穿了雨衣，所以不算災情慘重，所有的惡作劇與追逐，在象徵武士的 Q'apac chunchu 出現後，情勢逆轉，Q'apac chunchu 追捕 Qollas，場面達到最熱鬧，他們最後在 Qollas 的毛編頭罩上塞入竹棒（十字形狀，象徵十字架），獲得最後勝利

拉塑膠布抵擋對抗

麵粉

panadero

Qollas

著火車輪

群眾同心協力拉起塑膠布

（甘散）麵粉袋

板車

Chucchu

Qolla

（打）

沙包

saqra

鞭子

Majeños

（打）

MaqKa

（噴）啤酒

鞭子

啤酒槍打觀眾

薰香爐

雨衣 雨衣 雨衣 雨衣 雨衣

（沒穿雨衣會完蛋）87

（著火的車輪把我的雨衣燒了個洞！）

激情的人魔大決鬥結束，群眾散去，市場邊的聯外道路瞬間擠爆，十幾台巴士的隨車助手不斷叫喊著"cuzco！cuzco！"，回庫斯科的車很多，但我決定再多待一晚，因為坐夜車回庫斯科，對帶著大行李又沒訂旅館的我而言，有點危險，且我想沉澱一下心情，白天看那些儀式與表演的感動與激動，我想慢慢平復回想，然後用一種從容的方式，向這個小鎮告別。

裹著毛毯的女孩在路邊賣punch
(微酒精飲料)

一杯
s/. 0.5

我慶幸這一晚我留了下來，在教堂邊和當地人一起喝punch取暖，舞者又出現了，音樂聲由遠而近，不同的隊伍依序出現，他們輪流到教堂大門前脫帽，靜默數分鐘祈禱致敬，肅穆的氣氛讓人打從心裡覺得，這絕對不是一場狂歡或嘉年華而已，其中蘊含的意義十分深遠，那之中有對土地的崇敬、對先人的追思，族群抗爭與融合的過程、與環境搏鬥適應的辛酸，祈禱完畢，舞者彼此擁抱，互相感謝彼此的合作與辛勞，那氣氛令人動容。

回到旅館，趕車要回庫斯科的秘魯女孩給我一根叉子，說旅館晚上供應的流水席是免費的，Auqa Chileno 舞者遞給我一大盤食物，經理用手勢告訴我要吃飽，我真的很高興我留在這裡，當然不只因為食物，而是人情的溫暖。

雞肉
米飯
麵
羊肉
馬鈴薯
燴蔬菜

# Paucartambo, Fiesta del Virgen del Carmen
## 節慶攻略手冊

只有真心想去的人才看得懂！

1. 如何從庫斯科舊城中心去 Transportes Gallito de las Rocas 巴士公司 搭車前往 Paucartambo？回程呢？

往武器廣場
Plaza de Armas

Av. de la cultura

Diagonal Angamos

巴士公司在此
平常 9:00am 發車
節慶期間清晨
6 點就有車.

Coliseo Cerrado
(大型室內体育場)

大馬

這個廣場有很多小巴士會向東走 AV. DE LA CULTURU 這條路，搭車到 Av. de la cultura 和 Diagonal Angamos 交叉路口下車，向南走，沿左側有很多修車廠，巴士公司夾雜其中，很不起眼，要仔細找，門口有根電線桿，上面有黃漆 Paucartambo 這個字。如果從 Paucartamo 搭車回庫斯科，基本上巴士最後都會停在這附近，可向人問路，走到 Av. de la cultura 大道上，就有非常多小巴士搭回舊城中心。(節慶期間晚上很多從 Paucartambo 回庫斯科的車)

2. ## 節慶的活動程序

7月14日：開始有活動,但只是暖身,遊客稀少。

15日：從早上6:00到半夜12:00有一連串活動,舞蹈表演開始。

16日：活動高潮,下午3:00有聖女卡門繞境活動。

17日：必定要參加！本日超熱鬧,從8:00開始。舞蹈隊伍就出動,前往墳場追思祖先, 2:00pm 聖女卡門繞境, 3:00pm 人魔大決鬥,決鬥完差不多五點多。

18日：有少數活動,幫青少年祈福之類的,遊客少。

19日：尾聲。(不知有啥活動)。

3. ## 住宿：當地有好幾間小旅館,也有當地人會出租房間,但須提早去找 (ex:14日或更早),不然就要搭帳篷,不然就是17日當天從庫斯科當天來回(單程3小時),早出晚歸。

89

# 7月18日(五) 前往庫斯科

搭車回庫斯科，這次提供場地給 AUQA CHILENO 舞者休息及幫忙的東道主，其實是一位在 Juliaca 執業的牙醫師，他和太太行前擁抱了我，並給了我聯絡資料，說下次到帕卡坦博要先打聲招呼，絕不會讓我睡街頭或搭帳篷過夜的！

回庫斯科的三小時車程，我一整個呈現放空狀態，節慶的一切對我而言，是 too much 的程度，我需要一個地方休息，好好洗個澡，吃飯散步睡覺就好，什麼事都別做，而庫斯科正是這樣的好地方，雖然它很商業化、觀光化，卻十分方便，嗯～大家是來庫斯科觀光，拍照、看博物館，我卻是來睡覺、洗澡的。

地址: Calle Ladrillos 436
tybe2@hotmail.com

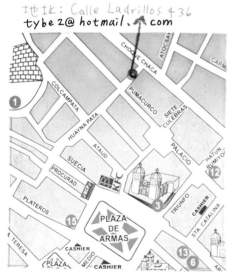

在 Calle Ladrillos 436 大門進去，共有三間旅館:
- Bright Hostels
- Hospedaje Samani
- Hospedaje Pumacurco

我想住的 Bright Hostels 客滿了 (單人房 S/.35). Hosedaje Samani 也客滿了，我只好去住較便宜但設備較差的 Hospedaje Pumacurco。

單房 (with bathroom, wifi), 每日 S/.28 房間很簡陋，但既來之則安之。重點是地理位置絕佳，走去武器廣場 (重要景點) 很近，且熱水熱度可以接受。

先洗了澡，再把衣服送洗 (1公斤 S/.3)，然後走路去吃肯德基 (炸雞全餐要 14.9，好貴，有一塊炸雞、雞翅薯條及汽水)

# 7月19日(六) 無所事事

昨天為了慶祝平安抵達庫斯科,買了當地品牌的啤酒來喝,天氣冷,其實沒什麼喝啤酒的慾望,純粹只是想嚐試當地啤酒的口感,又去超市買了 Salami (義式風乾豬肉香腸)來下酒。

你真會享受

beer　Salami

在庫斯科的生活,只能用「廢人」兩個字形容,今明兩天我想參觀的博物館都休息,我什麼事也不想做,只想提著購物袋上傳統市場買東西、吃吃喝喝。

↑Iglesia de la Compañia de Jusús
(在武器廣場旁邊畫了一張水彩)

在San Pedro Station 旁邊的 Marcado San Pedro 是我的 (market市場) 衣食父母,比起廣場旁的消費水準,這兒的物價合理多了。

# San Pedro Marcado 市場大吃大喝大買

## S/.5

Sopa de pollo 雞湯麵
雞湯鮮甜, Q彈麥麵條
搭配一大塊雞肉和蔬菜,
撫慰了寒冬的胃.

槌子

用槌子及菜刀來切雞肉

店家特調辣醬, 內有洋蔥,
辣椒, 檸檬及香料, 十分
清爽帶勁.

庫斯科附近是可可及咖啡的重要產地, 市場中有
很多賣咖啡及巧克力的攤子, 種類繁多, 若不是旅
程才走一半, 我一定會失心瘋地把巧克力全都搬回家
這可是烘焙西點的好材料啊啊啊啊……

市場中有一排賣飲料及甜點的攤位, 雖
名為 "早餐", 但大部份營業到傍晚, 我
點了咖啡牛奶和蛋糕當下午茶, 比武器
廣場旁邊的星巴克便宜多了 (星巴克的
中杯咖啡要價 S/.10 以上, 只有外國人消費
得起, 裡面全是外國人!)

### DESAYUNOS

| | |
|---|---|
| Chocolate con leche (milk) | 2.50 |
| Cafe con leche | 2.50 |
| Café, té (tea), mates | 1.50 |

| Sandwich | | Postres | |
|---|---|---|---|
| Pan con Queso (cheese) | 1.50 | Gelatina (Jelly) | 1.0 |
| Pan con Nata (cream) | 1.50 | Flan (cream caramel) | 1.5 |
| Pan con Huevo (egg) | 1.5 | Torta (Cake) | 1.0 |
| Pan con Aceituna (olive) | 1.00 | | |
| Pan con Mantequilla (butter) | 1.00 | | |
| Pan con Queso Frito (cheese fried) | 2.00 | | |
| Pan con Palta (avocado) | 1.5 | | |

巧克力牛奶是用巧克力磚
削下碎片去煮的, 不是用可可粉泡的!

加了色素
的鮮藍
果凍

Cafe con leche
咖啡牛奶
S/.2.5

torta
蛋糕
S/.1

客人點了蛋糕, 就
切下一角

電湯匙壞了，晚上好冷，好想泡熱茶喝，接下來的行程如果晚上不能燒水泡茶，會很痛苦，我決定去市場的五金攤子問問是否有賣電湯匙？聰明的我畫了一張紙條加上肢體表演（表演燒開水動作），老闆立刻心有靈犀地知道我要買電湯匙，可是......居然只有賣大支的，沒有小支的，我陷入天人交戰，最後硬著頭皮買了。

紙條

Agua

Calentador para agua

盒子上寫著電湯匙的名稱，但老闆說電湯匙叫做Resistencia（我查了英文名稱，叫做 electric heater）

≥5CM

S/. 12　歐規雙圓孔插頭

可是，如果煮熱水，不但有茶喝，還可以把熱水裝進耐熱水壺塞進衣服，當成暖暖包來用！

有必要為了想喝熱茶，買一支像電擊棒的東西嗎？

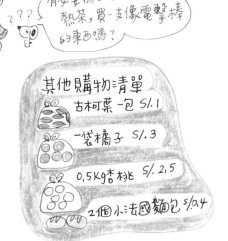

其他購物清單
古柯葉 一包 S/. 1
一袋橘子　S/. 3
0.5kg杏桃　S/. 2.5
2個小法國麵包 S/. 4

我畫給老闆看才買到的，老師很聰明吧！

我在秘魯買了新電湯匙，大支的，很威！（驕傲）

聰明的 Peiyu

哈哈，我要回家跟我爸媽講

你又蠢了

喂......喂

喂！救了

為什麼不拿舊的壞掉的那支給老闆看就好？幹嘛畫？

事後向三年義班炫耀我的聰明，卻又被吐槽，走開啦你們！
（這一頁是應三義的要求而重寫的，一定要把這件事記下來！）（寫得好擠）

哭.....為什麼她們那麼聰明？

93

7月20日（日）印加古牆

　　走長長的石板階梯下坡去菜市場覓食，經過武器廣場時，正巧有聖女卡門的遊行隊伍，但規模及人數都比我在帕卡坦博看的小很多……，廣場上的觀光客立刻全都掏出相機獵取鏡頭，我也很觀光客地拿相機出來拍，但我不知我為什麼要拍？明明前幾天在帕卡坦博拍到電池及SD卡都彈盡糧絕，照片無數……。（我真是鄉民心態！）

Menu（套餐）S/. 4
maté
湯（好喝）
炒牛肉
炸薯條
米飯
生菜
Lomo saltado
秘魯炒牛肉

今天午餐吃的是 Lomo saltado，這道菜是秘魯家常菜，但追溯其來源卻是受中國菜影響。將牛肉、番茄、洋蔥等，加入蒜、辣椒粉、醬油、醋一起炒，再撒上香菜。吃的時候配上炸薯條及白米飯（薯條配飯是哪招？），這道菜是受中國移民影響，在 chifa（中國餐廳）菜單上常出現這道菜。這道菜我覺得有族群融合的精神，炒牛肉和米代表中國，而炸薯條是秘魯風！

吃完午飯，再去喝杯咖啡，然後一路亂晃到 Terminal Terrestre（長途巴士站）去買後天要前往 Puerto Maldonado（馬爾多納多港）的巴士票，嗯～這次少帶了那件抗UV的薄長袖外套，真是大失策，到時候再說了，明天再來研究抗瘧藥要怎麼吃。

搭公車回舊城中心，心想既然都來了，不然就去 loreto 街畫一下印加古牆好了，loreto 街是一條人行步道街，通往武器廣場，街道兩側全是印加帝國的古牆，石塊很大，嵌合得很緊密，令人驚歎他們的建築技術。

這條街道是觀光客必到之地，所以有幾個小販擺攤賣手工編織品，另外有穿了鮮豔傳統服飾的小女孩，抱著小羊駝，詢問觀光客是否要付錢拍照……。經過我身邊的人，問我水彩畫是否要賣？小女孩則問我要不要畫她和她的小羊駝？

藥草

熱水

多種液體材料

NO.9 CUSCO

入夜後，氣溫降了，賣 Maté 藥草茶的小販就出動了，生意非常好，我也用耐熱隨身瓶裝了一壺，邊走邊喝。

95

# 7月21日(一)　為古柯葉平反

**500ml**

INCA KOLA®

DESDE 1935

Contenido Neto 500ml

↑ 比起可口可樂，金黃色的印加可樂更受當地人歡迎，我好像中邪了，每一餐都要點一瓶來喝。

庫斯科海拔高度較高，食物很明顯更重口味，重油重鹹，我的腸胃開始抗議，整晚腹瀉，讓我臉飽蒼白、四肢無力，只好趕快吞藥，儘管拉肚子，下午在市場看到超大盤牛肉炒麵，還是忍不住點來吃，並追加一瓶印加可樂。因為拉肚子的關係，取消搭巴士出城看 Moray 印加農業實驗田及 Maras 鹽田的計畫，我可不想在古蹟裡到處找廁所，今天就留在庫斯科古城漫步吧！

S/.11 asado 牛肉炒麵

三塊超大塊牛肉

百香果汁

番茄洋蔥生菜

炒牛肉

炸薯條（麵條配薯條是哪招？）

印度背包客有德里肚子，我有庫斯科肚子，一到庫斯科就拉肚子

我拉肚子，完全走不動了

你是懶情吧！拉肚子還是吃那麼多！

參觀廣場附近一間美術學校，我不太喜歡那間學校的繪畫風格，但很喜歡那兒安靜的氛圍，我坐在庭院裡畫了一小張水彩。

Cantuta

學校庭院中的樹，正綻放無數鮮豔美麗的秘魯國花『坎圖塔』

庫斯科是古印加帝國的首都，1983年，古城中心被列為世界遺產，印加人擅長巨石建築，他們以巨石砌成宮殿神廟、深牆大院，並建造了排水系統；後來，西班牙人來了，他們拆了神殿，蓋上教堂，安地斯山屬新褶曲山地，地震頻繁，教堂被震垮了，巨石基座卻仍屹立不搖，足以見得印加人建築技術之卓越。

　　古城漫步應該是要發思古之幽情，可是我卻亂買了一堆東西。

著名景點：
12角石

印加人切割打磨石頭，不靠任何黏著劑，卻能將石頭嵌合得天衣無縫，嵌合處連紙都插不進去。

手工小包，每個 S/.10
給姊妹的禮物。

ceramicas

慶典舞者戴的毛線編織頭套.
每個 S/.10

你買頭套做啥？要搶銀行？還是要戴頭套上課？

??????

97

# 古柯博物館 參觀筆記

Peiyu 你終於要替我們
說好話了！
我們被誤會很久了，
我們不是毒品，不是壞人。

古柯兄弟

呃～那個～
我是因買紀念品，
不小心走到古柯博
物館的！

COCA MUSEUM

地址：Calle Palacio 122
費用：Free！而且有英文
　　　解說牌！比起 puno
那個兩光古柯博物館，
這間真的很高級，puno
那間兩光到很好笑：

## 1. 簡介：

古柯的種植，在祕魯、玻利維亞、厄瓜多、
智利北部及阿根廷很普遍，這種古代的
飲料可以提神醒腦、增加活力，並緩和
高山症帶來的不適，對人體無害且不會致命

## 2. 種植與採收：

－一棵古柯植才可以採收10年（細心照顧可
撐40年！），一年採收 3~4 次，採收的葉子放
在太陽下曬乾。

## 3. 生長習性

怕冷！
- 對 "冷" 很敏感
- 生長高度 600~2500m
- 平均氣溫：20°C
- 濕度：90%
- 含氮豐富的土壤
- 豐富日照

## 4. 外觀
- 1~2m 高
- 橢圓形葉
- 開白花
- 果實是紅或橘色
- 種子

## 5. 食用方式

以前的人會加入其
他東西一起吃，例
如：植物、礦物（
石灰一類的東西），植
物的話，視地區
而定，有些地方會加
甘蔗或甘草之類的
一次嚼一大把，臉
頰都鼓起來！嚼
40分鐘以上，直到
沒味道了。（在古代，
貴族才有資格吃）

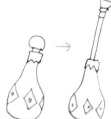

這支是用骨頭做的，
用來沾一下放在容
器裡的石灰，據說
石灰可促進古柯葉物質吸收。

Calero 用沿海地帶生長的
葫蘆做成的容器

古時在印加古道上傳遞訊息的人稱為 chaski (恰斯基)，身會背這種彩色包包，裡面放了古柯葉、樂器筆個人用品，現在慶典上也會看到有人背這個，更是觀光客會採買的紀念品

這種包包叫做 chuspa

三片代表三界
(上)神的世界
(中)人的世界
(下)祖先安息及萬物生長的世界

(上) hanan-pacha
(中) kay-pacha
(下) ucu-pacha

向 pachamama (大地之母)致意時，拿三片古柯葉祈禱。

祭祀者稱 paq'os

## 6° 用途

- 祭儀：在向 pachamama 大地之母表示謝意時，古柯葉是不可或缺的主角。
- 占卜與預言：在古人家裡常常依古柯葉的外形及排列方式來預測未來，甚至和過世的親人通靈、對話。
- 社交：人們會分享、交換古柯葉，一起嚼食，達到社交功能。
- 醫療：在印加前及前印加時代，醫療技術已十分發達，例如：頭部手術，將頭蓋骨取出小部之類的，那時就已用古柯來減輕手術時的疼痛。

出土物，人的臉頰小小凸起，是在嚼古柯葉

- 提神：西班牙人來殖民時，原本想摧毀當地信仰，看到當地人祭祀時使用古柯，西班牙人就把古柯視為違禁品，但後來西班牙人強迫印第安人去 potosi 波多西採銀礦，發現古柯葉可以讓印第安人工作超過48小時都不累，於是解禁，古柯貿易大為興盛，且很多古柯葉被送往波多西。

## 7° 其他古柯歷史大事件

- 1863年，Angelo Mariani (法國人)製造了 coca wine 古柯藥酒，可治療胃痛、失眠及憂鬱、焦慮、呼吸不順等，大發利市。
- 1886年，John Pemberton 利用 coca leaf 古柯葉、kola nut 可樂果及碳酸水製作 Coca Cola，後將配方售出，可口可樂現已成為全世界最風行飲料(可口可樂仍使用古柯抽取物) 99

結論 古柯葉無罪，用一堆古柯葉提煉的 Cocaine 古柯鹼，濫用才有罪。

7月22日(二) 薩克塞瓦曼遺址

今晚要搭六點的車離開庫斯科，今天還是在古城區散步就好(呵，明明就是懶惰!)先去市場吃早餐，婆婆媽媽們坐在市場攤位上削著胡蘿蔔、馬鈴薯，不斷地削削削……，彷彿可以這樣削到天荒地老，她們把多種蔬菜洗洗切切，然後變出一碗溫暖人心的 Sopa (Soup 湯)，雖名為湯，但其實是很像粥的濃湯，是我最愛的本地食物，不過我今天沒有喝湯，而是去 Lechon 烤乳豬者攤位報到!(上次碰到的新加坡先生說 lechon 十分美味，非試不可)

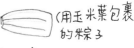

S/.10 lechon 烤乳豬
皮脆肉嫩，真美味(我又去隔壁買了玉米粽來配)

S/.1 Tamale 玉米粽
(用玉米葉包裹的粽子
(打開)→
甜甜或鹹鹹好好吃!

Peiyu美食小檔案

相傳在印加帝國時代，有種 mita 米塔制度，成年男子都須服勞役，例如：修印加古道、蓋驛站等義務，母親及妻子送男子上路服役時，會做 Tamale 玉米粽，讓男子帶在路上吃。米塔制度是印加帝國之所以強盛的重要一環，然而到了西班牙殖民時代卻被濫用，令印第安人因被強迫勞動而減損健康、死亡者眾。

吃飽之後，又去對面攤位來杯香濃巧克力牛奶(真能吃!)

順便在超市買了古柯太妃糖，這裡的古柯相關產品多如牛毛，其中我最喜歡古柯太妃糖 Coca toffee，我拆了包裝，把糖放進口袋、邊走邊從口袋摸糖吃、一下子就全吃光了。

去 BCP Bank 領錢，領了 s/. 500.，扣手續費 S/. 13.5，領錢的地方剛好在 iperu (information Center) 旅遊中心旁邊，有警衛守著，比較安全，領到錢後，小心翼翼地分成兩部分藏好，我瞻前顧後的樣子看起來神秘兮兮，警衛一直看著我笑，真尷尬。之後，去 iperu 詢問旅遊資訊，好久沒聽到如此流利的英文了，得把握機會多問一點，通常資訊掌握愈多，就可以愈省錢愈省時間。

S/. 2.5 古柯太妃糖
一包約有 10 顆

吃那麼多，
不胖也難。

印加帝國子民依據他
們所崇拜的美洲獅
外形設計庫斯科這
個城市, Saqsayhuaman
要塞是豹頭部分, 而古
城中心的武器廣場
則象徵豹的心臟,
Saqsayhuaman薩克塞屋曼
的發音很像Sexy women,
我從廣場向北.爬上
陡坡去參觀這座古
老雄偉的軍事防禦
工程;當初西班牙人
攻陷庫斯科,在城
內蓋教堂,需要石材
就到這兒拆之搬之,
使這座要塞遭受破壞,
像座廢墟,然而從尚
存的巨石可以感覺到它
的大氣,我在此流連了
4小時,看羊駝吃草,管
理員見我獨自旅行,還
主動幫我拍個人獨照。

102

# 7月23日 (三) 馬爾多納多港

昨晚在夜車上睡覺 (一直聽 Sugar man 的音樂)
庫斯科 → 馬爾多納多港，車程10小時，S/.35
本來，依照我的旅遊書 (舊版)，這趟車程
要花上17小時，但隨著 Interoceanic Highway 完
工，車程縮短，且路況也好很多。

Puerto Maldonado 馬爾多納多港 (海拔 250m)
Cuzco 庫斯科 (海拔 3326m)

## 洋際公路
## Interoceanic Highway

連接秘魯三個港口到巴西，2011年8月
由秘魯總統 Garcia 加西亞宣布正式
完工通車。

"Interoceanic" 是指從太平洋到大西洋。
這條公路跨越秘魯與巴西境
內的亞馬遜森林區。急於開發
獲利的財團，企圖在農牧業、伐木業、礦業
等創造財富，隨著洋際公路的完成，原本
是原住民賴以生存的森林、河流及動物，
如今破壞的速度加倍，故引起一些非政府組織、環
保人士的關注及抗議，擔憂兩大問題：

**環境問題**：例如森林砍伐、非法狩獵和捕魚、水土
流失、生物多樣性喪失 (亞馬遜盆地是世
界最大的生物基因庫) 及生態旅遊價值觀遭
破壞。

**社會問題**：傷害原住民傳統文化、非法種植作物、販
運毒品武器、賣淫等問題。

103

Puerto Maldonado 馬爾多納多港（Puerto是港口的意思），是秘魯邊境森林中的小城市，抵達時，在巴士站看到，從這裡到巴西或玻利維亞都僅需要數小時車程，可惜當初在利馬，懶得去玻利維亞大使館辦簽證（在利馬這座大城市，要去其他區辦事，交通實在好麻煩！）不然現在就可以直接從這裡搭車去玻利維亞，而不必在下週坐十幾個小時的車去puno普諾辦簽證，唉！千金難買早知道，誰叫我不先看旅遊書做功課，且誰知道我會跑來馬爾多納多港呢？

馬爾多納多港，因橡膠業、伐木業及淘金、石油探勘而興盛，初來乍到，覺得和之前到過的秘魯其他城市差別很大，首先是氣溫，動輒二、三十度的高溫，簡直要把我熱昏，真難想像昨晚庫斯科旅館阿姨還裹著毛毯陪我等車（她人真好，好感謝她！），我把所有的毛帽、圍巾全收起來，換上輕薄透氣的衣服。先觀察一下巴士站裡的狀況，原來這裡有好幾家巴士公司有車到puno普諾，跨國巴士（到玻利維亞、巴西）也不是難事。有個旅館兼旅行社的小姐過來與我攀談，那間背包客旅館我在指南上讀過，想想去瞧瞧也不壞，更何況她要幫我叫計程車，旅行指南的地圖沒標出長途巴士站的位置，我不確定這裡離市中心有多遠，那間旅館就在 Plaza de Armas 武器廣場旁邊，就算看了不喜歡，要去找其他旅館也不是難事……。

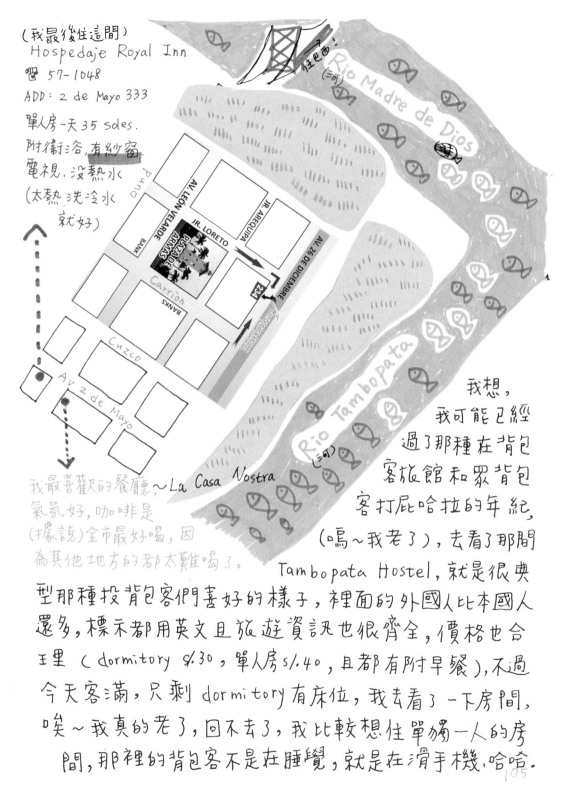

（我最後住這間）
Hospedaje Royal Inn
☎ 57-1048
ADD: 2 de Mayo 333
單人房一天35 soles.
附衛浴,有紗窗
電視,沒熱水
(太熱 洗冷水
　　就好)

住巴西!
(河) Rio Madre de Dios

AV. LEON VELARDE
Puno
BANK
JR. LORETO
PLAZA DE ARMAS
Cayrion
BANKS
AV. 26 DE DICIEMBRE
JR. AREQUIPA
Cuzco
Av 2 de Mayo

Rio Tambopata (河)

我最喜歡的餐廳~La Casa Nostra
氣氛好,咖啡是
(據說)全市最好喝,因
為其他地方的都太難喝了。

我想,
　　我可能已經
　　過了那種在背包
　　客旅館和眾背包
　　客打屁哈拉的年紀,
(嗚~我老了),去看了那間
Tambopata Hostel,就是很典
型那種投背包客們喜好的樣子,裡面的外國人比本國人
還多,標示都用英文且旅遊資訊也很齊全,價格也合
理 (dormitory s/.30,單人房s/.40,且都有附早餐),不過
今天客滿,只剩 dormitory 有床位,我去看了一下房間,
嘆~我真的老了,回不去了,我比較想住單獨一人的房
間,那裡的背包客不是在睡覺,就是在滑手機,哈哈。

再度背起背包，走了幾條街，進了一間本地人投宿的旅館，房間很大，還算乾淨，但房間位在頂樓讓我有點不安心，查看了窗戶及門鎖，似乎還行，不管，先住一天試試看，後來看到頂樓房間入住不少旅客，且也有女孩子，就比較放心了。這裡離巴西不遠，有幾個騎重型機車來玩的巴西人，重型機車一字排開，就停在大天井中。

天井中還養了三隻碧綠色的鸚鵡，沒事就啊啊啊啊亂叫，這裡的人特愛養鸚鵡這種色彩玫麗的熱帶鳥類，可能是因為地處亞馬遜盆地，容易取得吧！

小小休息一下，躲過疾急如閃電的陣雨，拿著地圖出門認識環境。

這裡和 之前拜訪過的城市很不一樣，之前拜訪的城市都比較有歷史感，旅遊指南上的資料變動也不大，這裡是20世紀因橡膠、淘金而興起的逐利天堂，現在又加上洋際公路的加持，這裡就像是個生氣勃勃的，成長中的青少年，街道雖然乏善可陳，但卻也充滿之前未曾感覺到的生命力，整個環境會讓我想到東南亞……。

天氣太熱了，我灌了兩大杯冰果汁，買了香蕉菜包飯來吃，吃不到一半就棄械投降了。

Juanes 香蕉菜包飯

雞肉

106

果肉是金黃色

果皮是深紅色

(aguage 也有寫成 aguaje)

在路上亂買的飲料,是用一種叫做 aguage 的熱帶水果做成的,是一種棕櫚樹的果實。據說養顏美容。

你居然吃蟲!

(筆頭磨壞,漏水中)

↑ suri,一種幼蟲,一串 S/.2,會給一小段香蕉搭配著吃!

這個叫個 suri 的食物,完全是誤食!因為看半天都不曉得到底是什麼,旁邊買著吃的大嬸一直向我推薦,我就買了一串,我原先懷疑這是蟲,吃進嘴巴之後,更加確定『它真的是蟲』我面露苦笑,旁邊的小女生還教我,要一口 suri 配一口香蕉(香蕉也是烤過的), 只好在眾目睽睽之下,閉眼吞了。

拿著地圖亂走,不久就走超過地圖的範圍了,拿出先前利用 google map 自己繪製的地圖,卻老是不確定自己在哪裡?因為這裡一切都仍在建設中,很多路都仍未鋪平,看起來不像路,也沒路標(極少,只有部份區域有),門牌號碼有時只是用油漆塗寫了算數,寫了數字、不寫街道名稱……,還好是棋盤式街道,靠指南針還是可以自己逛逛、認識環境。

107

Rio Tambopata

載農作物的小船　　　　觀光客坐的船

Tombopata Dock

傍晚時，走到較遠的 Tombopata 碼頭去欣賞雨林風
光，這條河(Tombopata 河) 是亞馬遜河上游支流之一，
沿河邊，有些高架屋民居，與我住的那區相較，很明
顯愈靠近河邊的生活水平較低落，這裡的屋子僅
用木片.草蓆.鐵片就拼裝成落腳的小屋。河岸邊有

個小亭子，我坐在
那兒看人搬香蕉，
沿河兩側的居民
會用小船將農作物
載運到城鎮去賣，

小船停泊在碼頭邊，苦
力將一串串香蕉從陡峭河岸邊坡
搬運上來，岸邊已有三輪車等候著運香蕉，體力勞動之
辛苦不在話下，但這些香蕉到底可以賣多少錢呢？雨
林耕作.辛苦勞動，可以求溫飽，適應瞬息萬變的世界嗎？

# 7月24日(四) 計畫趕不上變化

→ 黃色安全帽

→ 黃色背心

PARADERO TAXI

↑招呼站標誌 近距離每次通常收費 s/. 1

這個城市很少有我之前仰賴搭乘的小巴士,昨天我相信雙腳萬能,在大太陽底下走路,差點晒成人乾,我發現路上有很多機車騎士都穿黃色背心,站在路邊觀察了一陣子,確定那是 motortaxi 無誤,儘管我不太敢坐摩托車,但為了避免晒成人乾,且路實在太難找了,我決定要善加利用本地的 motorcar (摩托三輪車) 及 motortaxi (摩托計程車).

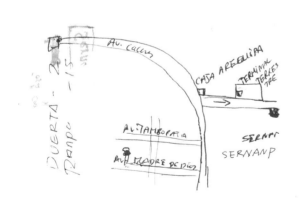

首先是要去找昨天走到腿斷掉也找不到的 Sernanap (國家公園辦事處),旅行指南和網頁都寫是位於 Av. 28 de Julio 附近,motortaxi 騎士載我回到昨日那熟悉的街道,仍遍尋不著,問了路人才知 Sernanap 已經搬了,路人指示騎士載我去附近的旅行社詢問 (真是聰明的路人和騎士),熱心的旅行社老闆畫了地圖給我

109

Sernanap 原來已經搬到 Terminal Terrestre 長途巴士站附近，然而此時突然下起大雷雨（雨林區強烈陽光，對流旺盛，常見短暫強大的驟雨）。我改搭三輪車前往長途巴士站，到了巴士站，司機表示他不知辦事處在哪兒，問路人也一問三不知，我只好先付了車錢，拿出指南針確定相對位置，自力救濟，記得旅行社老闆說：『辦事處在叢林附近的兩層樓建築』，巴士站旁邊只有一條路看起來比較像是通往人煙稀少的叢林，我放手一搏，選了那條路，邊走邊納悶：『為什麼要把國家公園辦事處搬到這種荒涼的叢林裡，以為醬子就比較有國家公園的 fu 嗎？』，問了路邊小雜貨店老闆娘，確定是這條路沒錯，她說走 15 分鐘就可以到了，真是皇天不負苦心人啊‧啊‧啊。

但，接下來的事情讓我有種被雷劈到的感覺，辦事處的職員說，我想去的 Baltimore 毋須辦理入山證，他們聽到我想自己搭車、中途在叉路口下車，再走 3 小時深入叢林前往 Baltimore，紛紛大大搖頭表示太危險，他們把懂英文的職員 Louis 推出來告訴我那條路不好走，坐船是較好的選擇，可是船班很少，Louis 打電話給一位從 Baltimore 來的原住民 Victor，說也許我可以考慮包他的行程。

Victor迅速前來辦事處，提議可以去他的辦公室聊聊，他介紹給我的行程是屬於一項促進原住民發展的方案。我在旅行指南中曾看過介紹，他的辦公室位於Junio一處街簡陋的民宅，牆上貼了地圖和照片，感覺上，亞馬遜地區的原住民離開賴以維生的土地，到這樣的城鎮討生活，是相當不容易的，可以從居住品質感受到他們生活的艱辛。

Victor不懂英文，我們完全是用google翻譯軟體在談行程，我並非認為這個世上每個人都非懂英文不可，但在交易方面，如果語言不通，易起誤會及爭執，而且這是旅遊行程，語言不通，要如何導覽解說？且之前職員Louis說我可以併入明天的團，200美元即可，但Victor卻要我一人成團，收300美元，三天兩夜，費用不含第一天的車錢，且第三天一早就搭船離開，算算真正在當地活動的時間只有一天半，Victor說第一天搭車是共乘，我要再付S/.50.然而根據我之前打聽的價格，只有S/.4，我遲疑了，懷疑他不誠實，我說要考慮一下，晚上6點再打電話答覆他。300美金足夠我在秘魯旅行很多天，雖然用錢不可太小氣，當花則花，但也不可以亂花。我沿著Madre de Dios河邊散步沉思（真是哲學家Peiyu,呵!）考慮良久，六點左右走到廣場向電話人借了手機，打電話給Victor，說抱歉我不參加行程了，打完電話鬆了一口氣，沒想到走沒多久，竟意外遇見Victor和媽媽在街上散步，好險我有依約打電話而不是搞消失，不然就尷尬了。川

# 7月 25日 (五) 雨林市集

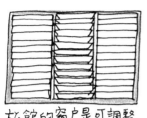

旅館的窗戶是可調整角度的玻璃百葉窗，下雨了，我就把百葉窗拉上。

昨晚下了好幾次雨，氣溫明顯下降，竟覺得有點冷，我穿起了薄毛衣。

如果出來旅行，是離開台灣的舒適圈，那麼來到 Puerto Maldonado，就是離開我在秘魯的舒適圈，因為關於這裡的資訊不多，且多是過時的，若不包行程，就只能靠己，突然想到昨日在 Victor 辦公室看到的旅遊地圖，我憑印象畫了一張，印象中 Infierno 這個地名似乎曾在公視某節目中介紹過，是一個有發展生態旅遊的部落，昨天 Victor 提過旅客通常在此轉乘車、船等交通工具……，我立刻下樓請教旅館老闆，他告訴我如何前往 Infierno，並說在 Infierno 可以找到當地部落經營的民宿過夜，不過設備很簡單，只是木造小屋放了床和蚊帳而已；旅館老闆及老闆娘雖然和我語言不通，卻很努力地幫我解決問題，並告訴我，大件行李可先寄放在這裡，等叢林之旅結束後，再回來拿，且 Infierno 離馬爾多納多港很近，萬一找不到地方住，可以趕快搭車回來。

解決了行程疑慮，放下了心中的大石頭，今天沒什麼計畫，我穿上防風外套，去 Madre de Dios ferry dock 附近散步，

奇怪，明明是熱帶雨林氣候，為何冷得像寒流來襲？

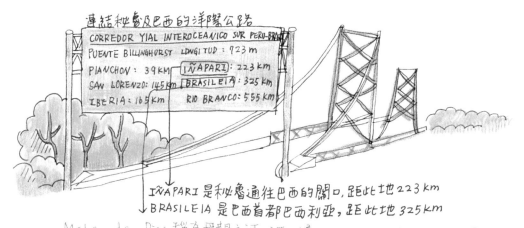

連結秘魯及巴西的洋際公路

CORREDOR YIAL INTEROCEANICO SUR PERU-BRA

PUENTE BILINGHURST LONGITUD : 723 m

PIANCHON : 39 KM | IÑAPARI : 223 km

SAN LORENZO: 145km | BRASILEIA : 325 km

IBERIA : 165km | RIO BRANCO : 555km

↓ IÑAPARI 是秘魯通往巴西的關口,距此地223km
↓ BRASILEIA 是巴西首都巴西利亞,距此地325km

Madre de Dios 稱為母親之河,河上橋紅色的橋十分鮮明,人的力量好強大,居然可以造出一條路切穿亞馬遜盆地。

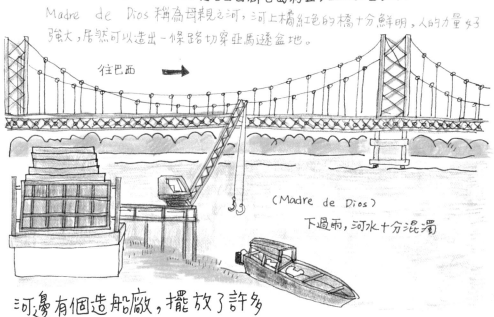

往巴西 ➡

(Madre de Dios)

下過雨,河水十分混濁

河邊有個造船廠,擺放了許多木料,船造好了,就直接用吊車吊到河面上試船,從昨夜到今天早上的幾場大雨,使得好幾艘船積水,船主拼命地用水桶將水舀出船外,有位船主走過來與我攀談,問我想不想乘船[兜風,半小時 S/.20,我婉拒了,淒風苦雨地,我可不想像個飢寒交迫的蠢蛋坐在船上吹風淋雨,真的出乎意料之外地冷。

113

趁著兩陣雨之間的空檔，坐 motor taxi 去傳統市場吃午餐，才剛坐下來吃，就開始下雨。

## Menu：S/. 5

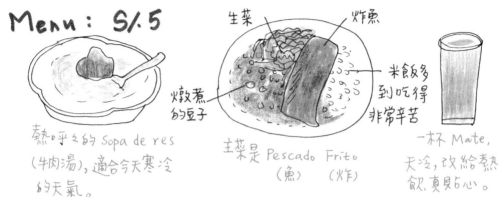

生菜
炸魚
米飯多到吃得非常辛苦

燉煮的豆子

熱呼呼的 Sopa de res（牛肉湯），適合今天寒冷的天氣。

主菜是 Pescado Frito（魚）（炸）

一杯 Mate，天冷，改給熱飲真貼心。

在市場買了一枝原子筆！

S/. 1.5

這不是我要的咖啡！（打滾）

吃完之後，決定再給這個城市的咖啡一次機會，從我來的那天早上喝的第一杯咖啡開始，就覺得這城市的咖啡充滿地雷，咖啡是用咖啡粉泡的不說，牛奶也不行，竟然是用罐頭！我可能被之前在安地斯山旅行時喝到的美味咖啡給寵壞了，覺得這城市的咖啡真的太糟了，　在市場裡連試兩攤，天啊！用咖啡粉加罐頭牛奶不說，還幫我加了很多很多糖.....，誰說秘魯沒有難喝的咖啡？這就是秘魯最難喝的咖啡！難怪旅行指南說旅館附近的 La casa Nostra 餐館的咖啡是全市最好喝的咖啡，旅行指南的資訊過期的很多，但這一點倒是寫得十分正確，嗜咖啡的我，一定要再去追加一杯。

# Brazil Nut 巴西堅果

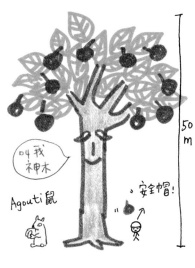

營養豐富的巴西堅果，我買了一包，這種樹生長在熱帶原始林中，靠著一種特別的蜂授粉才得以繁衍，果實殼很堅硬，靠著一種Agouti鼠咬破殼，種子才有機會發芽，壽命有好幾百年，一棵巴西堅果樹是一個複雜生態系，因為許多動植物與它有生態鏈結關係。

叫我神木
Agouti鼠
"安全帽!"
買

50 m

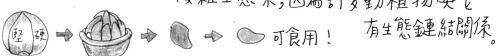

堅硬 ➡ ➡ ➡ 可食用!

從傳統市場賣的品項最能看出地方特產是什麼？這裡有很多五顏六色的熱帶水果攤位，還有賣一堆木頭(據說是藥材)以及乾果和雜七雜八東西的 亞馬遜 特產店。

略傾斜的鐵盤，醬子雞肉才會向前端集中。

鐵桶→鑿洞放木炭

古柯葉

輪胎鞋

因為躲雨的關係，坐在騎樓某店家門口觀察刻苦耐勞的印第安婦女如何利用簡單道具就開始擺攤賣炒雞肉，然後又發現旁有個爺爺似乎是在擺古柯葉卜卦的算命攤，但他生意很差，為了觀察他如何占卜，我足足守了他兩小時，但都沒生意上門，他只好嚼食起自己的古柯葉，拿出三片葉子，念念有詞，放進嘴巴……此動作一再重複，值得一提的是他腳上穿的那雙輪胎皮做的鞋，在切·格瓦拉的『革前夕的摩托車日記』曾經讀過，沒想到現在很多印第安人還是穿這種鞋，據說堅固耐用！（P.S 雞肉攤生意超好，爺々應改行賣炒雞肉才對！）

昨天 Victor 約我今晚六點一起喝啤酒，原本想拒絕，因為我覺得他不是誠實的人，但 又怕自己的誤解會傷害這些發展部落民宿計畫的人，所以答應了，我告訴自己應該給人性一個機會，但沒想到他帶了哥々一起來，除了我說的啤酒之外，他又點了其他酒，然後要我買單，並問我要多少錢折扣才會考慮去 Baltimore 行程，說明天還要找我吃飯喝酒…，他和哥々一把酒喝完就閃人，到底是如何？會使人有這種行徑？是觀光客的關係嗎？真令人寒心，我就算要去 Baltimore，也不會考慮他家的民宿。

116

7月26日(六) 住進靈媒的家

昨日Victor那件事仍令我耿耿於懷，昨晚　帶著書去La casa Nostra餐廳，好好地研究了亞馬遜河流域，又上網瀏覽了新版旅行指南的部份可供下載頁面，關於Baltimore的旅行資料，關於Victor他家的民宿敘述變少了，取而代之的，是另一間民宿……，總結這幾天收集的資訊，其實　是有可能憑自己的能力前往Baltimore，搭船是最方便安全的方式(因為　不太確定那至少3小時健行的路況如何？)。可是要等到週一才有船，而我又希望在月底之前辦妥玻利維亞簽證，必須儘早前往puno辦簽證，雖然　已上網更改了辦簽證所需的玻利維亞訂房證明，把時間延後有個緩衝……但如果去了Baltimore，那兒交通不便，什麼時候可以出來是個未知數，真是天人交戰，也許旅行就是要這樣，留個未完成的遺憾，做為下次再來的理由……。我相信發展部落民宿計畫，和外界的接觸多了，一定會對部落的傳統文化有所衝突，我相信大部份的人是質樸善良的，雖說在商言商，談行程原本就是商業交易，該付的錢我應當要付，一個人包行程的價格原來就貴，但和原先說的有差距，行程中的交通工具還要自付，且又貴好幾倍，實在沒道理……，不包行程沒關係，說大家都是Amigo(朋友)，一起喝酒還要我付錢，突然想起來連之前車錢也是我付的，總而言之，這種把觀光客當冤大頭的作法讓我很不舒服，是觀光客帶來的商業利益影響了價值觀嗎？我的心情有些沉重。

117

早上，把行李寄放在旅館，背著輕裝小包前往 Infierno 部落，這個部落是 Rio Tambopata 最早參與生態旅遊民宿計畫的，現在已有對外道路，從 Puerto Maldonado 過去，車程不到 40 分鐘。不過 Infierno 的範圍很大，我只是前往它的中心區域，那兒有供水電．還有學校，衛生所．政府機構，一般標榜生態旅遊的民宿多分布在河邊，必須坐船前往，我要去的，只是普通民居的村落。(5/.7)

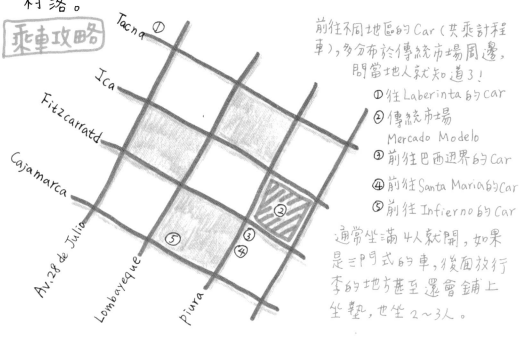

乘車攻略

① Tacna
Ica
Fitzcarratd
Cajamarca
Av.28 de Julio
Lombayeque
Piura

前往不同地區的 Car（共乘計程車），多分布於傳統市場周邊，問當地人就知道了！
① 往 Laberinta 的 Car
② 傳統市場 Mercado Modelo
③ 前往巴西邊界的 Car
④ 前往 Santa Maria 的 Car
⑤ 前往 Infierno 的 Car

通常坐滿 4 人就開，如果是三門式的車，後面放行李的地方甚至還會鋪上坐墊，也坐 2～3 人。

對旅人而言，每個地方的生存法則都不太一樣，這裡很少看到巴士或 comis，要前往馬爾多納多港以外的地方，要搭當地人口中的 "Car"，也就是 shared taxi，除司機之外，還有四位乘客，滿四人就發車。

兩間給旅客住的小房間，我住左邊那間。

（只有冷水）　（有抽水馬桶）
浴室2間　　　廁所2間

水塔

我一進Inferno，就遇到兩個會講英文的
旅客，指引我去找Camila的家，說那兒可以過夜。漂亮
的Camila和爺爺住在一起，她先告訴我價格是一晚
s/.10，然後又問我是否要參與 ayahuasca 儀式。她說
　　　　　　　　　　我當下其實有聽沒懂.
她今天要去馬爾多納多港賣民俗風飾品，我和爺爺一起
在家，廚房儘管使用，要吃就自己煮。

119

爺爺的 ↘房間

廚房 ↘

← 工作台及
舒服的吊床

Casa Don Ignacio

高架屋形式
也遮免濕氣,
亦可防蟲獸
侵擾。同時通
風良好。

房間內每張床都有蚊帳,
類似 dormitory,所以有機
會和其他旅客
同房,夜間
較涼,會
提供
毯子。

← 給旅客住的
大房間

↙ 後來才知
道這間主要
是當成
ayahuasca儀
式進行的地
方。

Casa Quiaata

門根本不必鎖,
因為雞犬相聞,不容易有
外人闖入。

120

這是一間廢棄的舊屋,在民宿旁邊

這間是進行 ayahuasca儀式的 地方,後半部住了一位來自土耳其伊斯坦堡的大鬍子男,來這裡學習神祕儀式

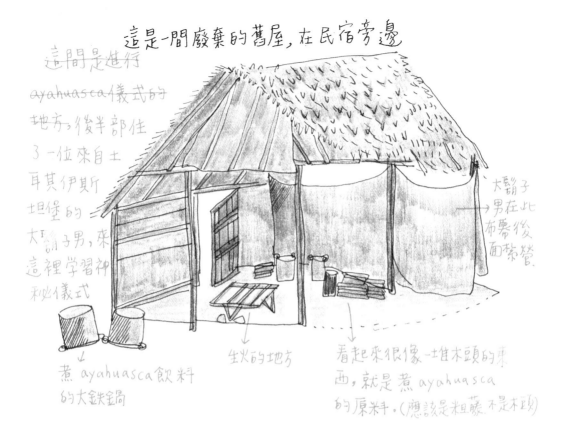

大鬍子 →男在此 布簾後 面紮營。

煮 ayahuasca飲料 的大鐵鍋

生火的地方

看起來很像一堆木頭的東 西,就是煮 ayahuasca 的原料。(應該是粗藤,不是木頭)

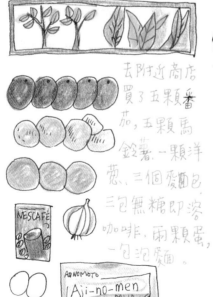

去附近商店 買了五顆番 茄,五顆馬 鈴薯,一顆洋 蔥,三個麵包 三包無糖即溶 咖啡,兩顆蛋, 一包泡麵。

廚房是很開放的環境,做飯的時候,從大窗戶看出去可以看到後面林子裡,一群雞在覓食,還有數棵漂亮的美人蕉。

煮了一碗蔬菜泡麵,煎了一顆蛋, 加上一杯咖啡。

晚餐是蔬菜粥(米是Camila的) 配上炸薯條,及一杯(大杯)咖啡

興建中的教室!

學校，低年級教室

這裡很多房子在興建中，要蓋房子之前，必須先在地上挖出長條形的坑，當成地基，有對夫婦在豔陽之下，為打造他們的家園而揮汗努力，我

長條形的坑

在路旁看工人蓋學校，憑著簡單的工具，點點滴滴就蓋出一個大約的樣子，好像蓋房子不是什麼難事，似乎很簡單似的，那為什麼台北的房子賣得跟天價一樣貴？(那種價格只有神仙買得起吧？)，在這裡，什麼都要靠雙手雙腳勞動，沒有勞動就沒得吃，他們是腳踏實地根著在土地的人。

# Ayahuasca 儀式（Ese'eja 族的儀式）

呃～那個，我本來來 Inferno，是因為：聽說這裡有發展生態民宿，但直至傍晚……，才搞清楚，原來我不是住進什麼生態民宿，而是住進 shaman 薩滿，也就是靈媒家裡。因為傍晚來了秘魯一家四口，後來又來了兩個美國年輕女生背包客，大家似乎很熱烈期待某事，且他們都不吃晚餐，我獨自弄好晚餐，聽他們聊天，才知道他們等一下要進行儀式，所以不能吃任何東西。儀式可旁觀，但事實上沒點燈什麼也看不到，不過我還是跟去了。才發現原來…爺爺才是靈媒。我還以為土耳其大鬍子是靈媒！

秘魯女兒居然帶一歲兒女咪喝神秘藥水

事先以藤蔓熬煮出"死藤水"(Ayahuasca)

據說喝下之後，會進入迷幻狀態，看到自己的前世今生以及四周的鬼魂。

秘魯一家四口的導遊

大家都有毛毯子

嘔吐盆

軟墊

有背包客喝頭暈，居然比大家先腫著

爺爺每倒一杯 Ayahuasca 就念念有詞，讓客人喝下，後來還拿起葉子做的扇子，一邊唱歌，一邊揮葉子，沙沙作響，很像催眠曲，結果我居然在一旁的木床上睡著了，朦朧中，有人不斷嘔吐、發出囈語……實在太冷了，我就進房睡了。

123

7月27日(日) 小村的日常

『夜晚是熱帶的冬天』這句話一點也沒錯,半夜好冷,蓋了毛毯,但毛毯扎得我皮膚過敏,只好打開頭燈,摸出睡袋套,把自己全身包裹起來,再蓋上毛毯。

Peiyu 的地理教室(聰明的 Peiyu!) Average Temperatures Table for Puerto Maldonado

| 月份 ➡ | 1 | 2 | 3 | 4 | 5 | 6 | 7 | 8 | 9 | 10 | 11 | 12 | 平均 |
|---|---|---|---|---|---|---|---|---|---|---|---|---|---|
| Average Maximum Temperature °C 平均日最高溫 | 30.9 | 30.7 | 31 | 30.7 | 29.8 | 29 | 29.6 | 31.2 | 32 | 32 | 31.6 | 31.1 | 30.8 |
| Average Temperature °C 月均溫 | 26.2 | 26 | 26 | 25.5 | 24.3 | 23.2 | 23.2 | 24.5 | 25.4 | 26.2 | 26.4 | 26.2 | 25.2 |
| Average Mininum Temperature °C 平均日最低溫 | 21.4 | 21.2 | 20.9 | 20.3 | 18.8 | 17.4 | 16.8 | 17.8 | 18.8 | 20.4 | 21.1 | 21.3 | 19.7 |

一日之內的溫度記錄有每日最高氣溫(日最高溫)和每日最低氣溫(日最低溫)
{ 一日之內最高溫通常出現在下午 2~4時
{ 一日之內最低溫通常出現在 日出前後

💡從以上表格看出:
① 該月均溫 = 該平均日最高溫與該平均日最低溫之平均值.
　　⇒ 此地連最冷月均溫都 >18℃,屬熱帶氣候,常年如夏。
② { 日溫差 = 一日最高溫 - 一日最低溫
　 { 該月平均日溫差 = 該月平均日最高溫 (Avg. Max Temperature)－該月平均日最低溫
　 { 年溫差 = 一年之內之最高月均溫 - 最低月均溫　　　　　　　　(Avg. Min Temperature)
　　⇒ 此地年溫差小,代表年中各月月均溫變動幅度小,沒有冬夏之分,
　　　 但是 日溫差 > 年溫差,一天之內的氣溫變動幅度較明顯。

高腳屋的結構可以避開濕氣,但木造的屋子隔音很差,當地人養的雞和狗在屋子底下跑來跑去,雞飛狗跳、雞犬不寧,害我半夜很想起來,把牠們全都宰了,那聲音之清晰,讓我以為牠們全跳到我床上了,也因為這天然的鬧鐘,使我無法賴床,一大早就起來做早餐了。

124

# 早餐
## Desayuno

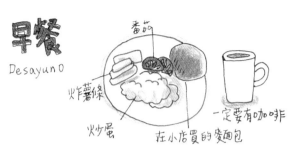

番茄

炸薯條

炒蛋

在小店買的麵包

一定要有咖啡

做好早餐，在廚房前半開放空間的小平台享用，開闊的視野可以觀察周圍的動靜，部落有資源共享的習慣，我一直看到路人跑來（實在分不出是親友還是路人！），自很自動地進廚房倒水或咖啡，神奇！在台灣，如果不管熟不熟識，莫名其妙跑進別人的廚房倒咖啡，應該會被抓進警察局吧？

這頓早餐吃得十分漫長，我把時間全浪費在看雞、鴨、豬、貓、狗、鳥、松鼠……等，還跟鄰居小孩在餐桌上玩了小遊戲，時間就這樣奢侈地揮霍掉了，回想在台灣的上班日，每天規律地劃掉行事曆上的待辦事項，那些媒體一直強調的「維持競爭力」的口號，以及如影隨形的壓力，突然變得有點蠢，有點好笑，其實過日子的方式，全憑自己的選擇。

哭

在廚房的窗台上，居然有一隻剛被宰殺的巨大烏龜，烏龜被宰殺之後，被人用大龜殼當容器裝著龜肉，如果烏龜天上有知，知道被人用自己的殼裝著自己的肉，應該會躲在角落哭哭吧！

125

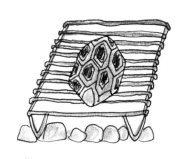

鄰居告訴我,這是生活在陸地上的陸龜,不是生活在河道、他們興致勃勃地教我如何辨認,我仍一頭霧水。鄰居把龜肉拿回家煮,把龜殼放在爺爺平日煮 Ayahuasca 藥水的鐵架上烘乾,我像個傻瓜似地站在那裡觀看,然後繞到廢棄小屋後的帳篷找土耳其大鬍子歐斯曼聊天,我本來以為是想省住宿費的背包客在這兒搭帳篷,沒想到

歐斯曼崇拜神祕主義,他是個拄著柺杖、雙腳不良於行的身障人士,浪跡天涯學習神祕主義宗教儀式,生活簡單,他說自己在玻利維亞旅行一年、在秘魯 Infierno 這裡紮營生活已經兩年(驚!)待了這麼久的時間,已能說得一口流利的西語(想到我學任何語言都是半調子、沒恆心,真慚愧,好像沒把什麼語言學好過)。
歐斯曼正用柴火煮水沖泡咖啡,我看到他有個迷你咖啡濾壺,上下壺那種,似乎很好用的樣子,問他何處可以買得到,我想買一個帶回台灣,之前看到很多秘魯人用,呵呵~我真是咖啡道具控。

歐斯曼告訴我，民宿旁的小徑通往河邊，那兒有個較小
的碼頭，其他村子的居民划船來，會把船停在那兒，
然後走階梯上來，來這個部落辦事，或換車前往
馬爾多那多港販售作物，順便補給生活用品，如果我
想去別的村子，唯一的方法是找當地人，用船載我一程，
但只能用西語溝通，無法使用英文。
散步去看當地人整地，看他們挖得如何了？(我真是無事
可做的閒人一枚)。沒想到今天是週日，他們休息沒開工，
我借用他們擺在一旁的桌椅畫畫，一旁燒得焦黑的土地已
經種下香蕉苗，綠油油的小苗十分可愛。

## Peiyu的地理教室　關於游耕

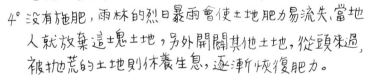

1° 砍樹，清理耕地。
2° 放火焚燒，樹枝燼可當燃料。
3° 播種，種下果樹樹苗或山藥 Yuca 等根莖作物。
4° 沒有施肥，雨林的烈日暴雨會使土地肥力易流失，當地
　 人就放棄這塊土地，另外開闢其他土地，從頭來過，
　 被拋荒的土地則休養生息，逐漸恢復肥力。

矮小的小孩
摘不到檸檬，
我幫忙摘，
他們教我把檸檬
沾著糖吃，好美味。

在村子裡和小孩一起摘檸
檬吃，意外發現有一條通
往叢林的小路，我帶了水、
麵包及帽子、雨具，展開
叢林探險。沿途杳無
人煙。

127

沿途有很多巨大的檸檬樹，落果無人撿拾，還有叫不出名字的漂亮鳥類、松鼠、猴子、以及黑色的山豬者，路的盡頭居然是一個頗具規模的營地，用木頭架起了一個平台，洗手台上擱置了碗盤、菸灰缸及咖啡壺，平台上有床墊、桌椅、一頂帳篷及一張吊床，好像剛結束一場盛宴，但是人到底去了哪裡呢？我在吊床上小睡片刻，林子裡寒氣逼人，感覺天色不早了，還得走上兩個多小時才能回到部落，我起身返回。回到港邊碼頭，看到當地人家進城購物，回到港邊，駕著自家小船離開，船是使用油當做動力，得拉緊一根長長的繩子才能發動。Camila今晚沒有回來，她去馬爾多納多港賣民俗風飾品，不知生意如何？我上週在市中心的Plaza de Armas武器廣場看到很多賣手工飾品的攤子，他們主動找我攀談，我才知道那些手作人之中，除了祕魯人之外，有些來自哥倫比亞或巴西，他們做的首飾風格和之前在安地斯山看到的大不相同，當然編織的

展示首飾的板子是用木框，再繃上布。

技術仍十分精巧，但此地的特色是用了許多雨林產的種子和羽毛當作素材，Camila在家中有個工作台，供她敲敲打打並將作品染色，她有種與生俱來的藝術天分。馬爾多納多港距此地不過是40分鐘的車程，但感覺卻是兩樣的世界，那裡是熱鬧的城鎮，這裡卻是叢林生活。

128

7月28日(一)　雨林生態微旅行

清晨五點，鄰居就來串門子了，我在蚊帳裡讀星野道夫的「北極光」，把最後一章讀完，天全亮了，才起身。

Camila不在家，誰煮飯給爺爺吃呢？鄰居小女孩會來煮飯（猜想是親戚），順便清理廚房，小女孩小小年紀卻把廚事料理得有條不紊，還帶著4歲及2歲的弟弟妹妹一起來，廚房

Yuca樹薯

切開來，裡頭常現白色或黃色，是雨林地區的主食

的地板上放著一麻袋的Yuca樹薯（外形跟口感根本是山藥嘛！），直接削皮水煮，一煮就是一大鍋，誰餓了就去端來吃，那隻被宰的烏龜被做成一鍋馬鈴薯燉肉，我沒勇氣嚐試，我端著一碗水煮Yuca，看鄰居小妹剎著一隻不知誰捕來的大魚，身手俐落，令人自嘆弗如。

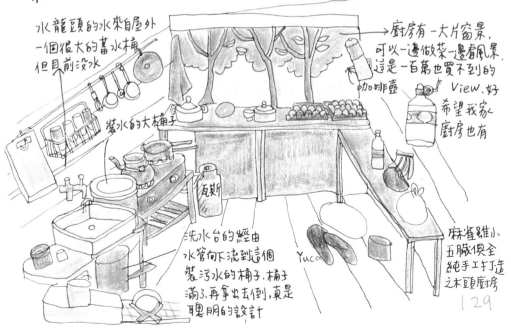

水龍頭的水來自屋外一個很大的蓄水桶，但目前沒水

裝水的大桶子

瓦斯

洗水台的經由水管向下流到這個裝污水的桶子，桶子滿了，再拿出去倒，真是聰明的設計

廚房有一大片窗景，可以一邊做菜一邊看風景，這是一百萬也買不到的View，好希望我家廚房也有

咖啡壺

Yuca

麻雀雖小五臟俱全純手工打造之木頭廚房

129

去跟土耳其大鬍子歐斯曼說再見，我說今天想去另一個小鎮 Laberinta 看看，據說是一個因淘金而興起的逐利天堂，歐斯曼告訴我，淘金過程會使用一些化學溶液，最後全倒進了河流，造成嚴重污染，以前的人使用自然界生產的物質，例如：用葉子包東西，使用完畢可以自然分解，但現在大家毫無節制地使用工業製品，例如：塑膠袋、電池等，用完任意丟棄，且當地也缺乏處理工業廢棄物的能力，以我們眼前這條河川為例，現在很多地方已經捕不到魚了，必須往更上游處才捕得到。

我像個老手似地順利換車到 Laberinta，我來這裡，只是想看看淘金過程，但是看半天，仍然一無所獲（事後才知道，淘金者分布在更上游的河岸兩側），我只好在河邊用現學現賣的破爛西班牙語和一位阿姨閒聊，問她河流上游有什麼？

村落依傍河川而存在，對家家戶戶而言，船是必備的交通工具

聰明的阿姨在紙上畫了河流的圖給我看，但紙張太小，所以阿姨讓河流轉彎，還標上旅館。

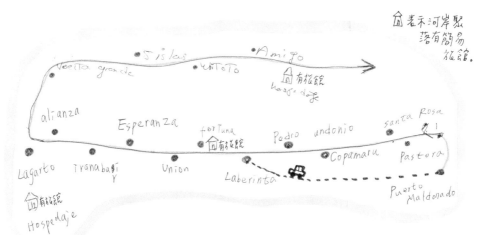

🏠 沿著河岸聚落有簡易旅館。

Voelto grande    5 Islas    • Amigo
LoiToTo    🏠有旅館 hospidaje

alianza    Esperanza    forTuna 🏠有旅館    Pedro undonio    santa Rosa

Lagarto    Tranabagi    Union    Laberinta    Copamaru    Pastora

🏠旅館 Hospedaje    Puerto Maldonado

Madre de dios河及Tambopata河
的生態旅遊資訊幾乎都被旅行社壟斷，害我一直以為不包行程就進不去雨林，但我又對那種把所有事物濃縮在三天兩夜的行程感到畏懼，總覺得那難以消化且脫離現實，阿姨畫的圖給了我一劑強心針，她說我可去Lagarto旅館住一晚，明天再搭公共汽船回來，船程只要兩小時，如果我信任他們，她及家人可以載我一程，因為他們家住Lagarto附近，就不必等公共汽船了，我買了水果跟麵包就跟他們走了(完全不怕被賣掉)

阿姨一家人只要看到任何動物就興奮地指給我看，叫我拍照，我看到烏龜及鱷魚在漂流木及石頭上做日光浴

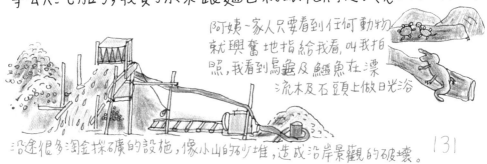

沿途很多淘金採礦的設施，像小山的砂堆，造成沿岸景觀的破壞。

131

廚房

傍晚時,村子裡的人工作回來,就一起在打排球,打到天黑,用發電機供電點燈

好心阿姨一家人在 Lagarto 碼頭把我放下,說沿坡向上走就看到旅館.但門戶洞開、手機在響.可是沒半鎖門,我把背包扔在旅店

没看過我吧!

我吃素,免驚!

Sachavaca 南美貘

小,不過十幾戶人家,但可能旅館.還有學校.衛生所學校旁遇見剛割香蕉回才知道他們就是經營旅裝前往叢林散步,看到許態系食物鏈完整,後來看誰家的馬盧子忘記牽回家呵?』,後來發現是奇怪動物,趕緊拍下來,回去問旅店老闆,居然是一種叫南美貘的哺乳動物.

晚上去上廁所可看到滿天星斗,好美

廁所是挖坑方式

132

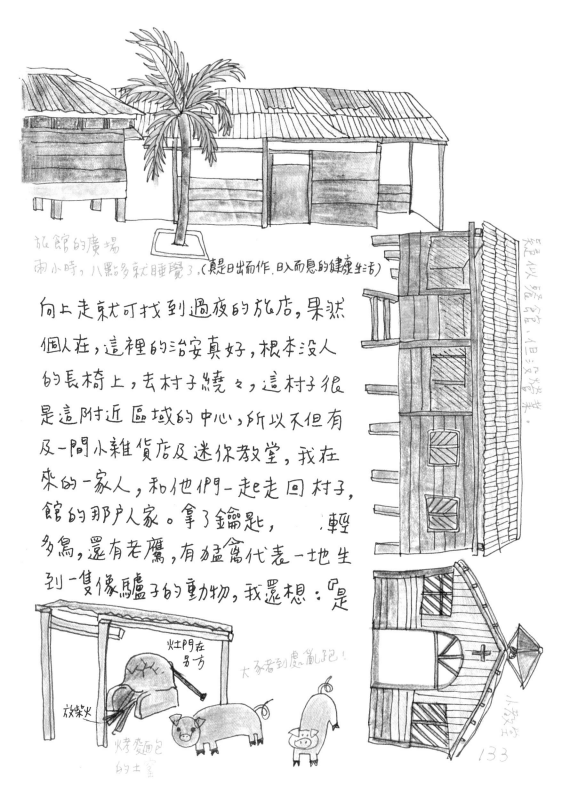

旅館的廣場
兩小時，八點多就睡覺了。(真是日出而作，日入而息的健康生活)

向上走就可找到過夜的旅店，果然
個人在，這裡的治安真好，根本沒人
的長椅上，去村子繞々，這村子很
是這附近區域的中心，所以不但有
及一間小雜貨店及迷你教堂，我在
來的一家人，和他們一起走回村子，
館的那戶人家。拿了鑰匙，　　　　輕
多鳥，還有老鷹，有猛禽代表一地生
到一隻像驢子的動物，我還想：『是

類似旅館，但沒有招牌。

灶門在另方

放柴火

大家都到處亂跑！

烤麥麵包的土窯

小教堂

133

# 7月29日(二) 告別雨林

房間裡只有床和蚊帳，
晚上很冷，必須蓋
著毯子睡。

高腳屋隔間牆是板，且牆的上方與天花板
之間並未封死，但並不會因此沒有安全感，因為任何
風吹草動都可以聽得一清二楚，半夜我去林子裡
上廁所(廁所好偏僻，好怕遇到野獸!)，旅館
的人還在房間裡出聲問我要去哪兒？隔壁房間
鼾聲大作，從牆面間隙傳來，聲音清楚到我幾乎
要以為那人睡在我床邊。

我是不懂當地語言的
膽小鬼，回Laberinta
的公共汽船六點才開，
我五點四十就去碼頭
等船，沒想到卻驚
動碼頭第一排住戶養
的一群狗，朝我猛吠

十幾分鐘不停歇(真有恆心)，後來還跳起來咬
了我一口，所幸只撕裂了長褲，並未造成皮肉傷，
我躲到樹叢後換了備用長褲，長褲被咬破
約40～50公分，真頭大。亞馬遜流域白晝在陽光強烈照射
之下水氣蒸騰，夜晚輻射冷卻降溫之後，水氣凝結成霧，
我在清晨搭有頂公共汽船離開這片迷霧森林，全程耗費3
小時，因為中途不斷停下來載人、載貨，還有雞和兩條大魚，
乘客們裹著毯子呼呼大睡，太陽出來了，霧漸漸散了，雨
林的輪廓漸漸變得清晰……。

134

有頂公共汽船

河水是混濁的黃色

要向雨林告別了，我回頭看著這片看似靜謐和樂的土地，其實背後隱藏著開發危機，我不禁想起星野道夫在「北極光」書中寫的：『阿拉斯加究竟是屬於誰的？』亞馬遜流域和阿拉斯加一樣都面臨開發危機，亞馬遜流域應該屬於誰的呢？我想，它應該屬於生活於其上的生命，包括人、動物及植物，都應該獲得同等的尊重。

## 河邊午餐 S/.13

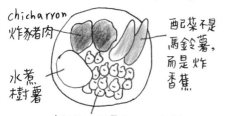

chicharron
炸豬肉

配菜不是馬鈴薯，而是炸香蕉。

水煮樹薯

顆粒比比拇指指甲還大的玉米粒

駝背的老船夫應該是在這條河流擺渡了一輩子吧！下船時，他向我收取車資 S/.20，希望以後能有機會再回來這裡，搭著公共汽船，一站一站玩下去。轉車回到馬爾多納多港後，我先到長途巴士站預約下午四點的巴士前往的的喀喀湖，沒有直達 Puno 普諾的巴士，得在清晨於 Juliaca 胡利亞卡換車。

回旅館領回寄放的行李，坐在旅館的長沙發上網，我把搭船去雨林住遊的事情告訴朋友，Lily 說她以前也以為一定要包團才能進雨林，但在哥倫比亞遇到一個人這樣告訴她：『河那麼廣，怎麼可能全包？旅行團只是讓你走得比較沒有障礙，……』，Lily 說往往障礙才是有趣

135

的地方。是啊！河那麼廣，怎麼可能全包？我還是可以用自己的方式去玩，只是比較曲折、比較麻煩而已。

7月28日是秘魯的獨立紀念日，28,29日兩天為國定假日，電視正播映著總統閱兵典禮的轉播，我一邊看電視一邊縫那件被狗咬破的褲子，為了防止它再度裂開，我緊密紮實地壓邊來回縫了兩次，一邊縫一邊欣賞，我的手實在太巧了啊！呵呵！但是褲子好像被我縫到小一號了！天哪！萬一塞不進禦寒保暖層就慘了，囧！

最愛的 La casa Nostra 咖啡館沒開，我拖行李去武器廣場喝咖啡，居然巧遇土耳其大鬍子歐斯曼，坐在廣場公園長椅和老婆婆一起晒太陽聊天，老婆婆76歲了，住在海岸地帶的Ica（伊卡，產葡萄的小城），我也加入聊天行列，婆婆的先生是日本籍，不過已經過世，她來此地探訪 兒子家。

Peiyu的歷史教室：關於秘魯的華裔及日裔族群

是〈你撈過界談起歷史了！〉

在秘魯的亞裔人口中，華人人數最多（至少100～150萬人），最早於明清之際就有華人遠渡重洋到此地經商或從事勞力工作，1851年秘魯廢除奴隸制度，黑奴重獲自由，造成勞動力短缺，此時中國正值清末社會不安之際，遂應秘魯召募勞工之急迫性，許多華人成為「契約華工」，在秘魯開礦、築路、墾荒……，許多華工在惡劣工作環境中喪生，倖存者在約滿後，在秘魯落地生根，經營 chifa（中國餐廳）或做點小本生意。亞裔人口中，人數次多是日裔，日本地狹人稠，倍感生活壓力，日本政府鼓勵人民外移，大約19世紀後期，有許多日本農民為追求更好的生活而移民南美（巴西是最多日本移民聚居的國家，至今仍保有日本移民社區），日本政府和秘魯政府協議，讓日本農民以「契約勞工」形式入境，從事農耕，後改為自由移民，從事其他產業，日裔人士因移民融入程度低及經濟利益糾葛等，使秘魯社會存在排日情結，整體而言，日裔在經濟方面有不錯發展，1990～2000年，政治人物藤森曾擔任秘魯總統，後因貪污罪下台。

136

# 7月30日 (三) 辦玻利維亞簽證

昨天
坐巴士離開
馬爾多納多港，
要繳離境稅
2元，有一張貼紙

昨天傍晚搭車，碰見之前在 Infierno 認識的美國女生，甚是驚喜，她到秋魯當交換學生，下週要回美國了，已能說得一口流利的西語，令人羨慕，能這樣自由自在地與當地人交談，真好。我依然坐巴士上層第一排，傍晚四點離開令人揮汗如雨的馬爾多納多港，我身上只罩了一件薄長T，但我把保暖衣物隨身攜帶，因為我知道醒來之後，迎接我的是5度左右的低溫。洋際公路路況大致良好，前半段平穩到我可以一邊聽 mp3 裡的『我的藍莓夜』一邊看手上那

看過很多遍，非常
喜歡這本書

本切·格瓦拉所寫的『革命前夕的摩托車日記』，偶爾抬頭看眼前那一大片車窗的景致，那一大片毫無阻擋的風景，在我面前展開，好像在看一場公路電影，它隨著光線而變幻，最終拉上黑幕。車廂裡沒開燈，我戴著頭燈繼續讀書，這本書已讀了不下十次，而『革命前夕的摩托車日記』那部電影，也看了超過十次……，坐長途巴士讓我很有旅行的感覺，旅行的人，將自己像陀螺一樣拋出去，不知落點在哪裡，落下後，依舊站立旋轉。

137

寒冬裡的
熱巧克力,
多撫慰人心。

溫暖的
巧克力,
溫暖的
人情味。

● Puerto Maldonado → Juliaca, 12hrs.
4:00pm                    4:00am
S/.50

這段長途巴士是搭較舒服的 Cama 等級,
座位比較舒服,比較好入睡,但我怕坐
過站(因 Juliaca 不是巴士終點站,我是中
途下車。)
                                    (S/.3.5, 50min)
● 在 Juliaca 下車後,搭三輪車去換 Comis 至 puno

Puerto Maldonado 馬爾多納多港,海拔 250m
Juliaca 胡利亞卡,海拔 3826m
Puno 普諾鎮,海拔 3830m

Titicaca lake 的的喀喀湖

在 Juliaca 下車時,是凌晨四點,氣溫大約五度,我在長途
巴士站和美國女生說再見,她用睡袋把自己包裹起來,
在車站的長椅上繼續補眠,等天亮......,我在小店喝
了一杯加了肉桂粉的熱巧克力,身體一下子暖起來,
在老闆娘比手劃腳的協助下,迅速找到三輪車,在清晨
無人的街道上,載著我前往這城鎮的一角,前往 puno
普諾的 Comis 小巴正要出發,一切都很順利。
comis 小巴停在 puno 普諾城鎮中心外圍 Av. El sol 大道和
Av El. Puerto 大道的轉角處,我想起這附近有間口碑還不
錯的背包客旅館,二話不說,立刻上門,單人房一晚
S/.33,雖是共同衛浴,但看起來有安全感,我非常需
要好好洗個澡,然後補個眠,再出門將衣服送洗,
然後上玻利維亞領事館辦簽證。

138

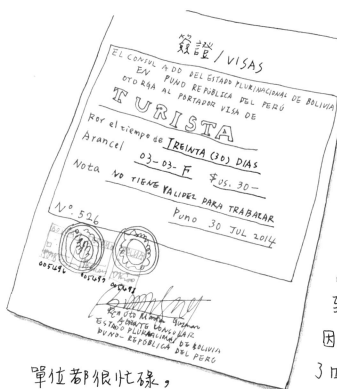

對台灣人而言，以前要辦玻利維亞簽證是既麻煩又困難的，今年三月底傳出放寬申請的消息，也因為如此，我才決定更改旅行路線，嘗試申請簽證，到玻利維亞一遊。

因為 7月 26. 27. 28. 29 日放了四天連續假期，每個單位都很忙碌，

簽證官忙到快爆炸，但態度仍十分親切，指示我填表.交文件資料，在地圖上幫我標出銀行的位置，讓我去繳簽證費，銀行大排長龍，為了有人插我的隊。我還和祕魯人吵架，硬是找警衛出來主持正義。(我一定是太餓了，心情不好，才會在人家的地盤上發火!)※而且還是用英文吵架!!

## 辦理玻利維亞簽證所需文件

① 申請書一份(現場領取填寫,要貼一張照片) ② 護照影本 ③ 黃熱病疫苗接種證明 ④ 旅館訂房證明 ⑤ 回程機票證明 ⑥ 信用卡正面影本 ⑦ BCP銀行繳簽證費的收據 (USD 30)

一點多回去交銀行收據，下午四點前就順利拿到簽證了。

拿到簽證，心情輕鬆不少，上咖啡館看書去。

# 7月31日(四) 普諾攻略地圖

來 Puno 普諾的目的，是為了辦簽證，還有洗澡、睡覺、將衣服送洗，除此之外，我一動也不想動。其實我很喜歡 puno 這個小城鎮，因為它規模不大，要辦任何事情都是用雙腳就可以走得到的。不過，懶惰的我，今天一大早還是換了旅館，換到市中心，離我喜歡的咖啡館很近，這樣，就可以在咖啡館讀書讀到 10 點再回去。

个 早餐收集的茶包袋，puro 是
"pure" 的意思，這是純紅茶

(細的)河粉

配料有香菇、洋菇、牛肉、蝦仁、鳥蛋、青菜、蛋

老闆送了一碗餛飩湯, free! 怕太鹹, 又幫我加清湯

S/.15

140

昨天住的旅館，熱水時冷時熱，我洗澡似乎著涼了，毛毯不夠暖，冷到難以入眠，半夜頭痛欲裂，這是感冒前兆，我起床用吹風機吹頸背熱癢，*除了感冒，還有高山症，雪上加霜*再幫自己按摩刮痧，然後用電湯匙煮古柯茶喝……，希望可以把症狀鎮壓下來。今天大部份時間都在睡、補充體力，醒了就去附近的 Chifa 龍騰飯莊，老闆通中文，特地為我炒了調味較清淡的牛肉河粉，牛肉蝦仁都特別醃過才下鍋，好感動，真是人間美味☺快掉眼淚了。

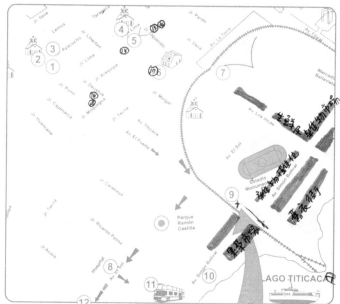

⑥ Central Market
我買水果的地方，
二樓有飲料店及午
餐攤子，價格便宜
還有賣民俗風小物
的攤子，價格比
碼頭附近的藝品
市場便宜。

⑨ El Manzano Lodge B&B
昨天住的旅館，單人房
S/. 33，公共衛浴，附早餐
( Av. Puerto 449 )

⑬ Café Mercedes
地址：Jr. Arequipa 144
我最喜歡的咖啡館，本
地熱店，咖啡好喝，我
今天在那裡讀書讀到
十點，真幸福。☺

⑱ Ricos Pan   地址：JR. Moquegua
326 這間咖啡館的派好吃！
(早上比晚上更熱)

**9. El Manzano**

1. Plaza de Armas
2. Cathedral
3. Museum - Dreyer
4. San Juan Church
5. Pino Park
6. Central Market
7. Plaza Vea - Shopping
8. Hospital
10. Market
11. Bus Station
12. Zonal - Bus Station

⑭ Bolivian Consulate 玻利維亞領事館
地址：Jr. Arequipa NO.136 2下
週一～週五 8:00 AM ～ 4:00 pm

⑮ KOLLAS INN （地址：Jr. Arequipa 386）
今天搬到這間旅館，單人房一晚 S/.30. 附衛浴，位置絕佳，熱水很熱！

⑯ LAVANDERIA （LAVANDERIA是西文"洗衣店"的意思）
地址：Jr. Deustua，好像是117號。站在 Deustua街及 Moquegua街
       轉角，就可看到。
洗衣一公斤 S/.6 （比庫斯科1kg S/.3還貴），我本來只會英文 "lundry"
這個字，所以都找不到洗衣店，自從會 "lavanderia" 這個西班
牙單字，我才發現到處都是洗衣店。（我真是文盲）

⑰ 龍騰飯莊 （地址：Jr. Fermin Arbulu NO.167～171 就在 Central Market
    對面）華人夫妻開的"Chifa"，通中文，東西很好吃。☺   141

# 8月1日 (五) 前往玻利維亞

今天要前往玻利維亞了,昨天懶得去訂比較快捷的巴士票,所以只能搭小巴士去了。反正隨時都有車,我就慢慢來吧!(是心理上在抗拒要離開秘魯這個舒適圈吧!)

先上傳統市場物色長褲和毛襪。

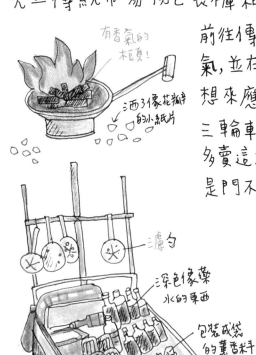

有香氣的植頁!

灑了像花瓣的小紙片

濾勺

深色像藥水的東西

包裝成袋的薰香料

每一攤都有這種青蛙形狀的薰香台座

前往傳統市場,街道有種焚香的香氣,並在屋子的角落灑上了黃色的花瓣,想來應是一種祈福儀式,因為連三輪車也灑上黃色花瓣!市場裡很多賣這種薰香材料的攤子,看來這是門不錯的小生意。

Queso 起士

這裡的起士都是圓形,但大小形狀不太一致,是手工製作的。

製作時,是用草料編繩綑綁,將起士的形狀定型。

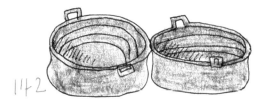

除了賣堅固耐用的輪胎鞋之外,還有很多輪胎做的大盆,通常是用來做牲畜的飼料盆。

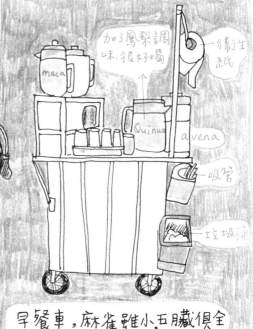

除了摩托三輪車之外，還有這種
收費較便宜的人力三輪車。

## Maca 小檔案 瑪卡

在秘魯市場保健食品
攤位常看到，號稱
「秘魯人參」可消除疲
勞，增強骨體力，是原生
於安地斯山的土恩薑
植物，印加帝國戰士打仗前都吃
這個，也是獻給貴族的貢品。

## Quinua 小檔案 藜麥

看起來像穀物，但其實是一種莫科植物，外觀看起來很
像台灣原住民吃的小米，煮熟之後，會伸出一根細芽小尾巴，
看起來很可愛。原產地是安地斯山的的喀喀湖附近，
蛋白質含量很高，有豐富膳食纖維，印加文明稱之為「糧食
之母」聯合國將2013年設為藜麥年，是近來在歐美風行的
健康食品，台灣屏東現在有人在種，超市也可買到德國進口的牌子，我通常是
拿它來煮湯、拌沙拉、或加其他穀物煮成五穀飯。

早餐車，麻雀雖小五臟俱全
Pan con Palta S/.1
酪梨

酪梨直接切片鋪在麵包上。

飲料有 Quinua、maca、avena 及
（S/.1）
熱巧克力，還可選擇要不要加牛奶。

143

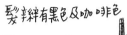
髮辮有黑色及咖啡色

S/.10

S/.8
手工編織長襪

當地婦女會在髮辮
上加上編織的毛線
假髮辮,做為裝飾。
阿婆一直向我推銷假
髮辮……囧。

天氣冷,大家還是都穿裙子,
但會在裡面加穿厚毛線褲
襪,也有賣及膝的襪套,看
起來十分保暖,我挑了
很久,猶豫不決,結果
老闆一直降價,……囧。

從Titicaca的的喀喀湖的Taquile小島來的
婦女,穿著不太一樣。頭上會蓋著一條黑色的
布,像披肩一樣蓋住半個身子。黑色披肩的
四個角都繫著彩色毛線球。腰部繫了一
種寬寬的彩色腰帶(有的有繫,有的沒繫,在
市場有看到賣這種彩色腰帶的攤位)
裙子是單色系,有看到黑色、藍色、紅色和
綠色,黑色裙子在邊緣有紅色滾邊。

超級華麗

最受當地婦女流連
忘返的是賣蓬蓬裙
的攤位,穿這種體積
大,佔空間的裙子
到底要如何移
動和工作啊?

滿坑滿谷
的馬鈴薯

8400km² 世界最高的內陸湖泊,的的喀喀湖,秘魯.玻利維亞國界將其一分為二

有人說的的喀喀湖的形狀,很像是一隻puma (美洲豹)咬住一隻兔子,puma是印第安人心目中的神聖動物。但其實,在當地印第安人的語言Aymara變瑪拉語中,Titi的意思是指「puma美洲豹」,而caca是「Rock」,因為這座神聖的湖泊被群山峭壁環繞。在安地斯高地區,印第安人通行Quechua克丘亞語,而的的喀喀湖的印第安人講的是Aymara變瑪拉語。

從puno普諾要往邊境,很多人都是一大早搭跨國巴士離境,要提前一天預約,我逛市集逛到渾然忘我,所以搭三輪車到市區南側的 Terminal Zonal Sur 去和當地人擠小巴,原本還想中途在Juli或pomata玩一下,但行李好重,只好作罷,而且趁天黑前趕快通關,以免夜長夢多。

Puno　　　　　　　Yunguyo Kasani　　Copacabana
秘魯　小巴士, 2hr, S/.10.風景超美!　拱門　玻利維亞 小巴士, Bs/. 4

小巴士可以直達關口kasani,不必在Yunguyo換車,蓋章之後,走過拱門,就是玻利維亞了,交了護照及簽證影本,馬上找到另一輛小巴士,前往Copacabana戈帕卡巴那。145

Plaza Sucre
小巴下車地点
6 de Agosto
Cathedral 大教堂
Murillo
Hostal Emperador

抵達 Copacabana 戈帕卡巴那，順利找到住處。一開始，老闆拿出一張價格表，單人(公共衛浴) 55，單人(私人衛浴) 75，以這樣的價格，我決定去住湖邊的湖景飯店，心中納悶著住宿價格和旅行指南寫的出入未免太大，正打算走人，老闆把我叫住，說住一晚算我 25 ……，未免也差太多了吧！房間乾淨小巧可愛，且可以晒到大片陽光(表示白天會很溫暖)雖是公共衛浴，但看起來乾爽清潔(因為有陽光，陽光太重要了!)，我決定入住。

其實之前講的價格 55，也不算貴，是因為剛到玻利維亞的我，被匯率弄混了，得好好來整理一下腦袋才行。我把那本全新的 Lonely Planet Bolivia 包上紙書套，嗚～全新的，一個字也沒看，哭哭，之前為什麼不用功呢？今晚要挑燈夜戰了。

玻利維亞 小檔案

語言：Spanish 西班牙語、Quechua 克丘亞語、Aymara 愛瑪拉語

貨幣：Boliviano (簡稱 BOB)(簡寫為 Bs/.??)
根據 2014 年 8 月 1 日線上匯率資料：
1 USD 美元 = 6.9 BOB 玻幣 ； 1 BOB 玻幣 = 0.4 PEN (秘魯索爾)
1 BOB 玻幣 = 4.3 TWD 台幣。

chicharron de trucha (trout)
生菜 146 米飯 薯條 炸魚

為了把大鈔(百元)找開，晚上去餐廳吃炸魚，trout 鱒魚是的的喀喀湖常見的漁產，一盤 B/.25，居然等同我一晚的住宿費，驚！

# 8月2日（六）：漫遊戈帕卡巴那

忙碌的碼頭，當地人不斷叫喊著地名。的的喀喀湖好美，帶有群青色的那種藍。我居然又弄丟了畫畫的鉛筆，也罷，鉛筆的線條只是圖個安全感罷了。買了明天一大早去日島的船票，單程 Bs/. 20。一天兩班，8:30 AM 及 1:30 PM

早餐在路過廣場時買的，是香噴噴的烤乳豬者，可能因為是邊境，所以報價都同時報玻幣和秘魯索爾，但我依然混亂。

外皮烤得焦黑的香蕉

oca

烤乳豬

papa
馬鈴薯

Bs/.15 用塑膠盒裝。
又加兩層塑膠袋。
很不環保。沒有餐具，
這裡常看到大家用手抓東西吃。

去市場喝了一杯紫紅色的 Api，有肉桂味。Api 是一種熱的紫玉米飲料。

共 Bs/. 3.5

buñuelos ←
（油炸甜甜圈）

147

撒花瓣

噴啤酒
在車上

穿寬大長袍的人替車子主持儀式，大家都對他恭敬得不得了，還一起合照。

教堂中供奉的 black Virgen de Candelaria 棕色聖母，是的的喀喀湖這一帶區域的保護神，而且是有名的車保護神，所以在玻利維亞，只要買了車，大家就會把車開來這兒，用花圈彩帶把車子打扮一番，還願兼祈求行車安全。

148

戈帕卡巴那的天主堂建築形式十分詭異，雖說是西班牙式，又不全然是，白色牆面，方形亭子，拱門，屋頂有尖塔及半球頂，上面貼滿雜色的磁磚，看了旅行指南，才知它是帶有摩爾人風格（Moorish-style）。而磁磚則是葡萄牙的藍色磁磚風格。

引擎蓋打開

不只是玻利維亞人會開著彩車來還願，秘魯人也會風塵僕僕地把車開到此地，教堂前一大早就擠得水洩不通，天天皆如此，還有警察出來維持秩序。

這看起來好像婚喪喜慶用的彩車喔！

149

Pasanka lla
爆米花 ↓

到處都在賣用超大玉米粒爆出來的超大爆米花,且用很像垃圾袋的彩色塑膠袋裝著。我買了一袋 Bs/.5,很好吃,但我十分憂心要很努力吃一星期,才吃得完。

金錫條在火爐中熔化後請客人用的子才撈起長進水裡定型。

錫條

背著彩色小包包

焚東西的碟子

鈴

油

錫條

水

火爐

紙箱

十字架

路邊有算命的攤子,將不同形狀的金屬條放入爐子裡裡熔化,再依熔化之後的形狀卜卦,若運氣不好,還會放彩色繩在你頭上,念咒語,然後在你右手繫上繩子,生意非常好。

CAMBIO
DOLAR
SOLES
EURO
CHILENOS
ARGENTINOS
REALEAS

DOLAR
SOLES
EURO
CHILE
...
REA

在廣場邊,擺了桌子,撐起大陽傘做生意、一字排開,是換錢的地方,我可不敢在眾目睽睽之下掏出我的美金,萬一被盯上,在街角就被搶了怎麼辦, 找了店面兌換,這裡的匯率比秘魯好,店面的人叮嚀我,這週這裡會湧入很多遊客,有很多從秘魯來的壞人(哈哈.)一定要非常小心,到處也都貼了小心的標語。

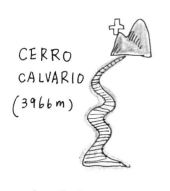

CERRO CALVARIO (3966m)

在市區東北側的 Cerro calvario 山頂，是絕佳的俯瞰戈帕卡巴那地黑占，尤其是觀賞日落！旅行指南說只要半小時就可登高，我爬了快兩個小時，因為海拔高度高，身體缺氧，不而寸劇烈運動，加上石階陡峭，讓我像老太婆般步復蹣跚，不，連玻利維亞老太婆都比我身手矯健。

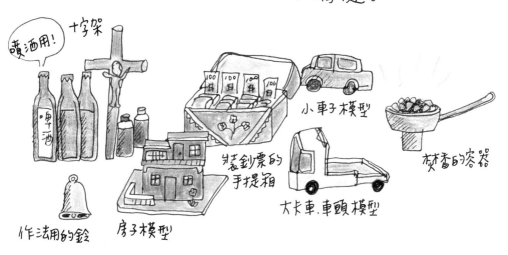

噴酒用！
十字架
啤酒
作法用的鈴
房子模型
裝鈔票的手提箱
小車子模型
大卡車.車頭模型
焚香的容器

一路上山，人潮洶湧，尤其山頂那幾座以十字架為頂的水泥聖龕附近，更是擠得水洩不通，路兩側全是賣模型的攤子，原來，如果還沒錢買車的人，可以買車子模型，請法師替你作法祈福，待日後心想事成，再來還願，要錢.要房子…都可如法炮製，看著眾人如此興致勃勃，覺得這裡的人對未來真是充滿期待啊！相反地，衣食無缺.房車皆俱的高度發展國家人民，可能不知道人生還要追求什麼。151

8月3日(日) 航向的的喀喀湖

昨晚在旅館遇到很不愉快的事，前天抵達此地時，因單房無空房間，旅館老婆婆要我先住三人房，昨天早上，她說我一個人住三人房很不合理，要我換房間，但因為其他房間尚未清理完畢，所以她要我把行李暫放行李房，他們再做安排，但等我爬山看夕陽回來，八點左右，老婆婆居然雙手一攤，說：『沒房間了』，說我另外找地方住，不然就去跟其他房客擠三人房，我十分詫異，且她一張臭臉相待，另，明明昨日房錢沒找錢給我卻又裝傻，我一時怒火中燒，拿行李走人。夜裡氣溫陡降，且8月6日是玻國獨立紀念日，8月第一週亦是戈帕卡巴那的重大節慶週，觀光客湧入，我拖著行李來回找了好幾條街，旅館都客滿，我慌惱擔心之際，又再經過老婆婆經營的 Hostal Emperador，一位工作人員和老婆婆的孫子比手劃腳告訴我全城旅館都客滿，我晚上待在外面很不安全，他們叫我快進去，他們替向老婆婆說情，讓我留宿一晚，老婆婆不斷對我大呼小叫且提高房錢，為了安全，我只好忍氣吞聲，我住進另外兩位法國女生的房間，她們不介意我和她們擠一間房，說大家出門旅行，要互相幫忙，她們也向我抱怨老婆婆態度惡劣。

前一晚，工作人員說我可以寄放行李在旅館，再出發去日島 Isla de sol，但今天早上老婆婆居然怒氣沖沖跑來大罵，不准我寄放行李，真是莫名奇妙，可惡的死老太婆，哼！我拿了大背包走人，也好，每件事都有其發生的意義，原本我把大背包視為負擔，但現在我不再視它為負擔，把它一起帶走，反而行動更自由，我可以不必再回到這個混亂的小鎮，可以不必再踏進這間討厭老太婆的旅館。☹

Copacabana 戈帕卡巴那 → Isla de sol 日島

單程票 Bs/.20 (因不確定自己會住幾天,所以買
　　　　　 單程票)(最好自備水.水果和乾糧)

　發船時間:一天兩班
　　　　　　8:30am 及 1:30pm

　行船時間:好像是一個多小
　　　　時,快兩個小時(我
　　　　睡著了,沒看時間!)

船上大部份是外國旅客,大
家都背著大背包,大背包在
甲板上一字排開.很壯觀,當地
人應該會笑我們這些外國人吧!人家用
一塊布巾就可以背重物,我們卻得用符合人体
功學.複雜.講究舒適透氣的大背包,扯得了門。

Isla de sol
日島
　　　　Isla de la luna
　　　　月島
Yampupata
Copacabana
戈帕卡巴那

我　　　當地人
→布巾

下船後,繳了 Bs/.5 的入島費用,
艱苦的行程才要開始.果然如
同地圖判斷.這個島地形陡
峭,我在南方的 Yumani 碼頭下
船,Yumani 聚落中心在山頂,得
背著大背包.踩著石階向上爬,
我每踩一階,就咒罵旅館老太婆
一句,根本還沒到聚落中心的旅館
和餐廳,在半山腰,看到一棟新蓋
好的旅館。就衝進去投宿了。

HOSTAL
PALACIO DEL INCA

房間窗子看出去是的的喀喀湖及
遠處的雪山,好想賴下來不走了!
單人房附衛浴及24小時超熱熱
水.附早餐 Bs/.90

153

Yumani 聚落的樸實小教堂.大門緊閉.當地人說這幾天不會開，因為管理人坐船去戈帕卡巴那參加節慶了。

從 Yumani 聚落最頂端俯瞰 Bahia Pukhara 海灣附近的景色.
從旅館所在的半山腰走到這裡，我都要累掛了。

馬盧子背水
隊伍.

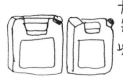

從洞口流出甘泉,大家都來取水

大塑膠桶,
每隻馬盧子可
以載兩桶.

→ 小塑膠桶.
共背四桶.
用帆布包
起來背,
非常辛苦.

×
4

日島處處為陡坡,島上沒有汽車或機車,對外聯繫靠船隻,島內交通全靠雙腿,不然就是馬盧子,走在村落小徑上,最常碰到馬盧子隊伍,好幾隻浩浩蕩蕩載水回家。的的喀喀湖的湖水來源是四周高山融化的雪水,而日島上並沒有自來水,我看見有些靠近湖灣附近的人家直接接管取湖水來用(但不知是否有直接飲用?其實的的喀喀湖的水近來有被污染),我住的Yumani 社區在半山腰有天然湧出的泉水,大家都趕著馬盧子來載水回家,如果家裡沒馬盧子,就只能靠人力一趟趟背水回家,十分辛苦。我為了要不要洗澡這件事十分掙扎,怕自己用的水是別人一桶一桶載回來的,於是跑去巡視一番,發現旅館安置了好多個儲水塔,因為旅館就在泉水口上方不遠,所以老闆是直接用管子和加壓馬達把泉水接到旅館,看到這個情形,我鬆了一口氣,就比較放心用水了,不過不可浪費。155

# Isla de sol 日島, Isla de la Luna 月島 小檔案 ☀ 🌙

是傳說啦！Sol 意為太陽，Luna 意為月亮，傳說日島是太陽神的兒子 Manco Cápac 曼科·卡帕克的誕生地，而月島則是他妹妹 Mama Ocllo 瑪瑪·奧約的誕生地，並使他們結為夫妻（兄妹居然結婚.驚!），在日島上定居，男耕女織，繁衍子孫，他們的後代，就是印加民族。後來太陽神給了他們夫妻倆一根金杖，要他們從的的喀喀湖出走，去尋找更適合安居樂業的地方，當他們到達庫斯科時，金杖突然鑽進土裡，原來這就是太陽神的許諾之地，於是他們就在那裡定居，以庫斯科為中心，建立了印加帝國。

## 玻利維亞小檔案 (二)

西班牙殖民之前，玻利維亞西部安第斯地區曾受印加帝國統治；1531年西班牙殖民，稱此地為 Alto Peru (Upper Peru 上秘魯)，由秘魯總督管理；1825年，在拉丁美洲獨立革命浪潮中宣布獨立，並以革命領袖 Simon Bolivar 西蒙·玻利瓦爾的名字為國家命名由來；獨立後的玻利維亞一直處於軍事獨裁，政治不穩定的局面，縱使石油、天然氣、金屬礦產等豐富，但政治腐敗及土地分配不均造成經濟困頓，被稱做「坐在金椅上的乞丐」，全國有 45% 的人生活在貧窮線以下（2011年，世界銀行統計，同年衣索比亞的數值是 29.6%），是南美洲最貧窮落後的國家。

# 8月4日 (一) 日島健行

秘魯時間 8:00am

玻利維亞時間
9:00am

在日島的安靜悠閒氣氛中，總算能好好地看旅遊指南，計畫一下接下來的行程，我總不覺得自己是到了玻利維亞，因為無論人種、穿著、長相……等，都和秘魯相似，西班牙語也是通用語言，不同之處，在於我都一直在過著「秘魯時間」，兩國時差是一小時，我得把時間調整好，以免錯過船班、車班。

昨天等船時，有個外國人問我會不會覺得玻利維亞是很沒有紀律的地方。我說我才剛來沒多久，感覺不深……，不過戈帕卡巴那的確十分混亂沒錯。但我突然覺得我不該用秘魯的標準去看待玻利維亞，不然我會很想趕快回秘魯，因為相較於玻利維亞，秘魯算是我的舒適圈。但認真讀了旅遊指南，才發現裡頭有好多警告的文字，連搭小巴士都可能誤上賊車，(昨晚看了，還做惡夢！)，記得 Yuwen 以前來玻國，也是因為上了賊車，而弄丟了財物……，這些警告來得正是時候，我不能因為在秘魯旅行久了，而把種種習慣和判別標準帶到玻利維亞來，我應該要維持警覺性才對，記得在帕卡坦博時，來自新加坡的華人朋友就曾說過：『有時候，我們不覺得危險，是因為我們沒有感覺到那是危險的。』嗯，挺有道理的，君子不立於危牆之下，我要更加謹慎才行。(當然也沒必要神經兮兮～)

157

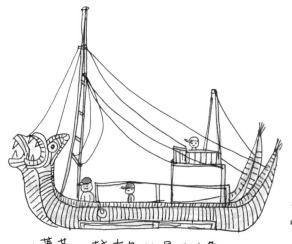

下去碼頭問私人包船
的價格，沒想到一艘
蘆葦船就這樣雄
糾糾氣昂昂地從
我眼前開過去……。
在的的喀喀湖及其
島嶼四周長了很多

tctora (蘆葦)，較有名的是祕魯那一側的 Uro 烏羅人，他們
用蘆葦蓋了 floating islands (浮島)，在上面世代居住，在浮
島上也用蘆葦蓋房子、造船等，手藝十分精巧，不過現在已
十分觀光化了，而玻利維亞這邊，也有人用這個來吸引
觀光客。

路上的小朋友採了一種叫做 muña 的植物給
我，這種植物有一種涼涼的香氣，當地人用
它來泡茶喝，我也跟著採了一些回來，這樣
就不用買茶包了！

印加聖花

chincana ruins

muña
低矮，葉對生
開小白花。

印加的石牆遺跡，在日島的最北側，為
了它，我從南側走到北側，累斃，真想
偷搬一塊石頭洩恨！

Kantuta
玻利維亞
國花，到處都
有種。(和祕魯
國花一樣，都是坎
圖塔)

158 到處可見到人們把石頭疊成塔形，向 pachamama 大地之母
表示敬意。

Isla del sol 日島梯田景觀

驢子

羊

羊駝

豬看

159

**COMUNIDAD CHALLA ISLA DEL SOL**

Comunidades Originarias
1 Chinkana
2 Roca Sagrada
3 Sitio Observatorio
4 Museo Arqueologico
5 Templo Puma Punku
6 Sitio Mirador
7 Sagrado Ceremonial Puskallani
8 Cementera del Inka

Ruta Sagrada de la eternidad del Sol (Willka Thaki)
Rutas Secundarias
Playas

Zonas
• Pukara
• Titinhuani
• Keapata
• Keacucho
• Choquepalta
• Challapampa

（島上很愛賣票，經過別的社區也要買票，這5張古蹟門票 Bs/.15）

## Isla del Sol 日島健行攻略:

① 南側的 Yumani 村是較熱鬧觀光化的，船隻通常大部分停靠這裡，
旅館很多，但不一定非得住這兒不可，challa村或北側的 Challapampa
村，或任何湖灣旁的聚落都有住宿，只是觀光客通常走不了太
遠，就向石階及陡坡投降了，所以通常住在 Yumani 碼頭旁。

② 由南側 Yumani → 北側 challapampa 每天 10:00am 及 1:30pm
都有船，可以坐船去，然後健行回來，但我今天睡過頭，沒
搭上船（扼腕），所以我是走圖中藍線去，紅線回，當地人
說來回共6小時，但我走了8小時（鐵腿～）

③ 藍線是走山脊線，風景很壯闊，紅線則會通過很多村落，可
觀察當地人的生活（有些地方有如仙境），一定要帶水，食物，
帽子和太陽眼鏡（湖水會反射日光，很傷眼）

160

# 8月5日(二) 寧靜的杉帕亞

Isla del sol 日島　　　　Isla de la luna 月島

● Yumani

yampupata 央普帕塔 ●

● Sampaya 杉帕亞

Cupacabana 戈帕卡巴那 ●

因為不想再回戈帕卡巴那去湊節慶的熱鬧，實在厭倦了那裡的吵雜與混亂，所以我花了大錢包了一艘船，從 Isla del sol 日島到 Sampaya，因為沒有其他旅客這樣，乘客只有我一人，十分昂貴。

Yumani → Sampaya ≒ 50 min
　　　　　(杉帕亞)
　　　　　　　　Bs/. 250

因為連續兩天都有下去問包船的事，所以碼頭的人都認識我，旅館的人也知道我要去 Sampaya，這樣比較不怕
　　　(杉帕亞)
　　　　　　　　被綁架或
　　　　　　　半途丟包。

Sampaya 的石頭屋

161

Sampaya Village
杉帕亞　村落居然在山的另一邊。

後來，船停在一個鳥不生蛋，完全沒有人煙的碼頭，我心想船長為什麼要停下來？結果他跟我說 "Sampaya 到了"！驚！這荒郊野外 (杉帕亞)，哪裡有旅館啊？船長很好心地先幫我把大背包搬上那個陽春到不行的碼頭，再來協助我上岸，以免我掉進湖裡，然後他指著遠遠的山的那一邊說『村子在那裡』天啊！那得先爬上一段目測坡度超過60度的陡坡，才隱約有一條像路的碎石坡……，不，那不是路，只能說似乎有人跡或獸跡，我手腳並用爬上陡坡，笨重的大背包害我重心不穩、提心吊膽，後來發現前方不

回頭看到船長把船駛離的背影，真想叫他停下來，把我一起載走。(哭哭)

遠處有一個負重的老人，天啊！我不確定這真的是路！我想追上他，但老人身手居然比我矯健，後來他停下來休息，我才追上，我問他村子有旅館嗎？他指著山谷另一面對我說：「有，要到那邊去……」，我幾乎要在地上打滾了，為什麼？為什麼沒有人阻止我來這裡？這不是觀光客該來的地方！難道是上天要我體驗玻利維亞人負重的精神？但我又能怎樣？只能走了，走一步是一步，非常實際！(哭哭～～)，自己不走的話，誰可以幫你走？哭也沒用。

162

學校⇒

Albergue
Don Hugo Canasa
Bs/.50

↑老師寫了紙條

在　還沒有掛掉之前，終於走到聚落的中心～教堂前面，但沿途都沒看到半個人，只看到驢子、羊和狗（很想叫驢子幫我載背包！），根本找不到人問路，好險發現了一所學校，老　師說旅館老闆是某個小朋友的爸爸，為我指路，寫著"Albergue"的牌子，老闆名字也一併寫上....！她寫了紙條叫我沿著找

教堂 →

有了老師的幫忙，　在小巧的石頭教堂前找到了指示標誌，但指示的方向又是上坡，真是想直接昏倒啊！最好是很美的旅館，不然我就拆了它！

163

（旅館的大露台看出去的風景，對面就是月島！）Isla de la Luna

就在我氣喘吁吁地往上走，幾乎要走到小徑的盡頭，還是沒看到什麼疑似旅館的建築，也沒看到半個人，快要放棄希望時，遠方有棟插了旗子的石頭建築，走出了一個人，我遲疑了一下，那人向我揮手，我迅速地向前移動，那不是旅館老闆，而是來自歐洲列支敦斯登的背包客，兩位年長的女性，Denise 和 Georgette，小學老師，利用暑假來南美玩，為此還特地學了西班牙語，她們和我一樣，受不了戈帕卡巴那的吵鬧，才躲到這裡來……，當她們知道我居然背著大背包從碼頭走上村子來，莫不瞪大眼睛覺得不可思議，泡了茶給我喝，又請我吃巧克力，說老闆七點才會來煮晚餐，要我把行李拿進她們房間，要去散步前，又把鑰匙留給我，讓我使用廁所，當我打開那房門的剎那，我知道，這一切的辛苦都是值得的，哪個建築師可以蓋出這麼美的旅館？也借不到這麼美的湖景！

164

165

8月6日(三) 湖畔健行

　這間旅館是2012-2013年間，在瑞士相關單位協助之下成立的，房間很舒服，不過依房間及供餐菜色來看，是比其他地方稍貴些，Denise說房間設計有點瑞士風格。

每晚一人 Bs/.50 附衛浴
晚餐 Bs/.25
早餐 Bs/.15 (但只有一塊麵包！驚)

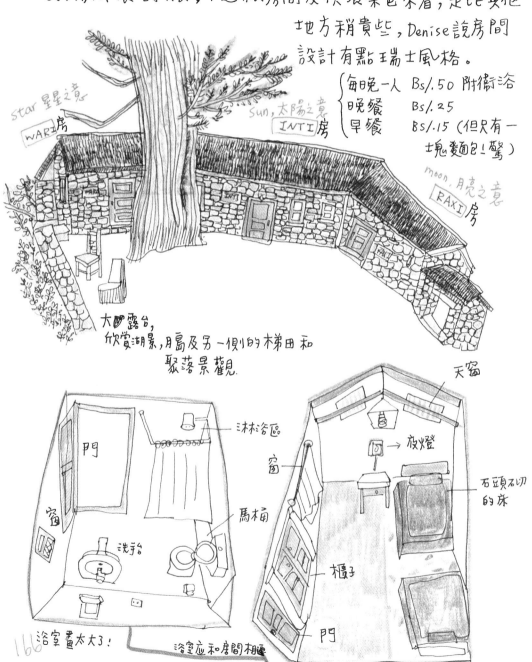

Star 星星之意
WARI房

Sun, 太陽之意
INTI 房

moon, 月亮之意
RAXI 房

大門露台，
欣賞湖景，月島及另一側的梯田和
聚落景觀．

門
窗
淋浴區
洗手台
馬桶

天窗
夜燈
窗
石頭石切的床
櫃子
門

166 浴室畫太大了！
浴室應和房間相連

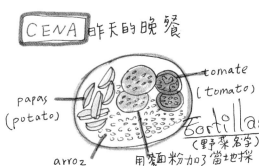

CENA 昨天的晚餐

papas
(potato)

arroz
(rice)

tomate
(tomato)

tortillas
（野菜名字）
用麵粉加了當地採
的野菜去煎的麵餅

Cafe 熱水瓶

因為是在鄉下，所以吃的是本地的簡樸食物，不像城鎮那樣大魚大肉，可以吃得飽，飯後有咖啡和Maté自由飲用，我們一邊喝茶，一邊閒聊彼此國家的風土民情和教育概況（因為我們三個都是老師！）她們說列支敦斯登太小了，所以有空就一定往國外跑，不然從小到大生活的場域都太熟悉了，看來看去都一樣！而且年輕人高中畢業，很多會出國念大學，對他們而言很好，可以打開眼界，不過後來列支敦斯登設大學之後，有些人會選擇留下來；國內人口組成可說是 international，都是從其他國家過來的，所以如果要講什麼風味餐或特色料理的話，似乎沒有，因為食物也是 international；Denise 的女兒和女婿都是地理老師，喜好旅遊，現在雙雙在蒙古的國際學校教書，一有空就飛到亞洲各地旅遊，歐洲父母通常不會把小孩視為所有物，非得綁在身邊不可，他們視成長後的小孩為獨立個體，自己為生命負責。（和亞洲父母的設限與不斷加諸期望與壓力，差異相當大！）

Desayuno 今天的早餐

Pan
麵包

butter

Maté
de
coca

Straberry jam

我和 Denise、Georgette 一邊吃早餐，一邊聊彼此國家的生活狀況，她們都是對世界好奇的旅行，我們聊了亞洲幾個國家的政經情況（哇！實在太有學問了）

167

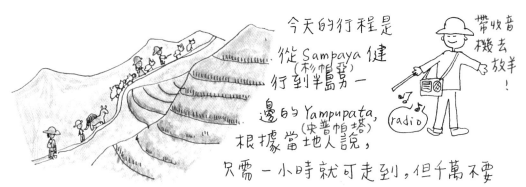

今天的行程是從 Sampaya 健（杉帕亞）行到半島另一邊的 Yampupata，（央普帕塔）根據當地人說，

帶收音機去放羊！radio

只需一小時就可走到，但千萬不要相信當地人說的話，因為他們走山路就像飛的一樣，Denise 和 Georgette 建議我可先走**湖岸旁半**山腰的路去，然後走山稜線的路回來，可順便看夕陽。今天 8 月 6 日，是玻利維亞的獨立紀念日，在

Yampupata 央普帕塔
A線
B線
杉帕亞 Sampaya (3965m)

A線去，B線回

戈帕卡帕那有盛大的節慶活動，村子裡很多人都去參加，路上半個人也沒有，根本無法問路，還好遇見去放羊、豬者、及驢子的一家人，一起走了一小段路，比較安心，但後來的路，就只能憑直覺和指南針了。

Yampupata （央普帕塔）
是一個寧靜小港口

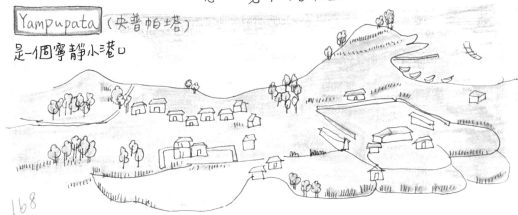

喝了一瓶
玻利維亞
可樂
Bs1.3
好喝！

COKA QUINA

涼亭

涼亭內有 蘆葦編
的躺椅 ，比沙發
還舒服.

Pucaras
A1000m

小店

Naturagua

小店旁有涼亭

龍舌蘭
植物

一路上，從有路走到沒路，只好拿出指南針出來救命，
路是人走出來的，既然沒路，那我就自己走出一條路吧！
手腳並用，還得因為判斷錯誤而攀岩，這裡的海拔高
度 3965 m，因高度高出一般雨層雲，所以降水稀少且風
勢強勁，加上氧氣稀薄. 陽光強勁(因少雲)且日夜溫
差大，所以植物多長得矮小且匍伏地表，才能避開強
風，葉片呈針狀以減少 水份 蒸散⋯⋯; 我就在這種
多刺灌木叢中匍匐前進，一邊撥開草叢，一邊問自己:「
為什麼今天我又健行了?」不過沿途壯闊的風景的確
很值得！抵達 Yampupata，遇到無數羊與駱馬和豬者,
在 Denise 說的涼亭喝了一瓶可樂，對照等高線地圖
之後， 又繼續挑戰山稜線，走回 Sampaya。

回到 Sampaya， 走下山谷去看印加時期的灌溉渠道，乾淨的泉水從石頭砌成的出水口流出，穿過渠道，送到下方的梯田，下午時分，看到當地人到田裡巡視作物生長情形，田地以石砌的牆做分界線，我走在牆與牆之間的小徑，爬上爬下，十分累人，我只是來玩的，但這卻是他們的日常生活。

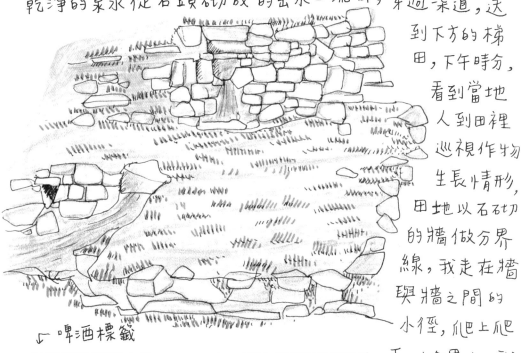

↙ 啤酒標籤

吃晚餐時，Denise 和 Georgette 告訴我她們今日的奇遇，她們走到另一方向的山頂上，碰巧遇見當地人祭祀 Pachamama（帕恰媽媽，大地之母）的儀式，虔誠莊重而感動人心。她們順道買了玻利維亞啤酒回來，開心地撕下標籤說要讓我貼在日記上（好感動！），嗯，這牌子啤酒好甜啊！

170

# 8月7日(四) 前往拉巴斯

昨晚，和Denise、Georgette聊天，提到觀光客在此地的安全問題，這幾天，邊境的 Copacabana 戈帕卡巴那節慶，真的十分混亂，加上我對玻利維亞的狀況真的很不了解，如何重新配置金錢，是 要重新考慮的。Denise 和 Georgette 告訴我她們如何藏放金錢(哈!很有趣的位置)，也表明不要把所有的雞蛋放在同一個籃子(我就是那個放在同一個籃子的人!)，所以晚上我拿起針線和透氣的綱布，為自己縫製暗袋，把美金及提款卡分開存放。一邊縫一邊想到眾多背包客朋友五花八門的藏錢及藏護照方法，哈哈，超好笑，不要自己藏到忘記就好。

為什麼你不是在縫褲子，就是在縫袋子？

Denise、Geogette 是很懂得享受人生、具有國際觀的人，和她們聊天十分愉快，我們從旅行談到環境保護，分享喜歡的藝術與建築、文學，從羅浮宮玻璃金字塔的新舊建築反差談到古根漢美術館、從聶魯達的詩集，我最震懾於那首名為馬丘比丘的長詩，那背後壯闊的文化歷史意涵……到郵差電影的配樂，朗誦著聶魯達的詩十分迷人；而 Geogette 正在讀的一本小說、封面居然是清朝人物，文字是中國人寫的，翻譯成德文，光從書名我不知是什麼，但從她們解釋書的內容及作者名字是 Jung Chang，我猜是「鴻」那本書，講三代中國女人的故事，作者是張戎。她們說這本書很紅，呵!我覺得，對歐洲人而言，中國文化有種不可抵擋的神祕魅力。171

離別的時刻 終究是要來臨，雖然只有短短兩天的相處，那樣天南地北的聊，卻讓我覺得交上了心靈契合的背包客好友，無關乎年齡與國籍的差異，打開話匣子就忘了時間……，是這一路行來說最多話的時刻。

我要前往戈帕卡巴那換車到玻國首都 La paz 拉巴斯，她們要包船去 Isla de la Luna 月島，繼續享受的的喀喀湖的靜謐時光。臨行前，我送了她們台灣明信片及神明書籤，並把她們的名字翻譯成中文寫上去，她們把拉巴斯地圖及詳細資料留給我，並教我如何從下車地點，走下坡路去找到安全方便的旅館，真的好喜歡她們啊！

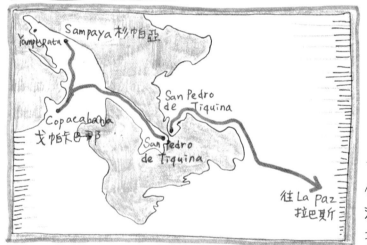

從 Sampaya 到 Copacabana 戈帕卡巴那到 Lapaz 拉巴斯

Sampaya 杉帕亞
Yampupata
San Pedro de Tiquina
Copacabana 戈帕卡巴那
San pedro de Tiquina
往 La paz 拉巴斯

• Sampaya → Copacabana 包計程車 Bs/.70，30mins
• Copacabana → La paz 大巴士 Bs/.25，3hrs

從 Sampaya 到 Copacabana 其實有比較便宜的方式，學當地人走路的話，要3hrs (會走死吧!) 但 sampaya 有幾位計程車司機早上要出發去 Copacabana 做生意，

稍加詢問，可搭到順風車，一人 Bs/.20，或請村民幫忙打電話包車 (雜貨店或學校老師都可幫忙)，一人 Bs/.50，請旅館老闆幫忙包車較貴。要 Bs/.70，但因為我想慢慢吃早餐。和 Denise 及 Geogette 慢慢聊天告別，所以我是請旅館老闆幫我包車，也是為了安全考量，還是不要為了省區區一百台幣，去搭來路不明的計程車。

往戈帕卡巴那
往Copacabana.
車子走的大路.
都是灰塵.

央普帕塔
往Yampupata的路,是車子在走的,有
很多灰塵,風景很爛!

央普帕塔
往Yampupata,這條trekking路
徑是走山稜線.視野開闊

学校

学校後面一排房子有商店,東西超少
商店的西文是"tienda",問路須用廚。

在路邊大石頭等計程車

Denise 和 Geogette
送我四顆橘子和
四根香蕉,在巴士
上可以吃!

通往旅館
的小徑
(有指示牌)
牌子寫 Alberge

(但沒開!)
會經過博物館,
往碼頭
的小徑,也可走這條路去Yampupata,
這條往Yampupata的小徑是沿著
湖岸,很多牧民趕羊去吃草.人們
也會在梯田工作。

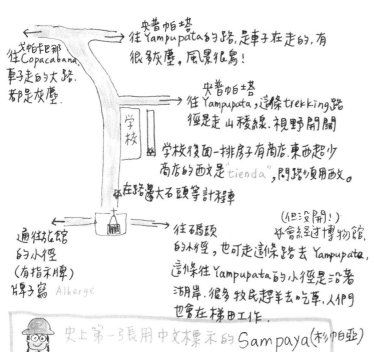

跪!

史上第一張用中文標示的 Sampaya(杉帕亞)
旅行攻略小地圖 (驕傲呢!)

往 Copacabana 的
巴士,我的行李被
放在車頂上(行李太重,
是別人幫我遞上去並拿下
來的,不然我會被砸死)

從Copacabana 前往Lapaz,出發約一小時
後,來到 San Pedro de Tiquina,這是一個
位於半島末端的碼頭,所有乘客必須下車,
乘客買票搭船到對岸去,人車分開,車子搭另一艘船去對岸,

船很大,一次可放一部大巴士和一部小巴士

ASOCIACION DE LANCHEROS
"21 DE SEPTIEMBRE"

CONTROL Nº 25-69
Lausere San Pedro de Tiquina
... Manco kapac

我坐船的票.硬紙板材質.會被回收

人車在對岸會合(我怕上錯車,還先把車子拍照,我真是太聰明了)
之後就直駛向Lapaz,沿途可看見壯闊的風景以及當地人民
的聚落及生活景觀,我居然一邊欣賞風景.一邊吃掉四顆橘
子和三根香蕉,可怕!(我是車窗裡的猴子嗎?)

# 8月8日(五) 女巫街

昨天 Denise 和 Geogette 告訴我，從戈帕卡巴那開往拉巴斯的車，都會在市中心西南側的 cementerio 下車，憑著她們送我的強大地圖和有用資訊，我雖然背著大背包，卻能夠氣定神閒地走向下坡路，順利找到旅館，然後⋯⋯躺在床上狂掛網。

Hostel Maya Inn

單房每晚 Bs/.100.有淋浴及熱水.並附早餐。位在生活及觀光資源豐富的街道，旁邊不遠有市場(有吃的!).走下坡就是 Plaza San Francisco 廣場，旅館很大.有點老.有電梯及 wifi.同棟樓有洗衣店.旁邊有旅行社
☆ 熱水不熱

昨晚去吃位於 Garita de Lima 附近的 "上海炸雞店"(從 Garita de Lima 向 Av. Baptista 路上坡走，在不遠處左側)，

超好吃的炒麵，老闆是福州莆田人.因為妹妹在這裡，所以十幾年前就移民玻利維亞開餐廳，炸雞鮮嫩多汁，那炒麵根本就跟我家巷口麵攤口味一模一樣，好感動的滋味，不過，炸雞配炒麵、炒飯、薯條，這又是哪招？

我好像一到城市就會得情惰病，而且還會被瞌睡蟲襲擊，一動也不想動，連博物館也不想去看，免費的，可能會考慮一下，今天天氣是陰的，天空被厚厚一層雲蓋住，只要沒有陽光，空氣就是冰的，雙手冷到僵硬、不聽使喚。

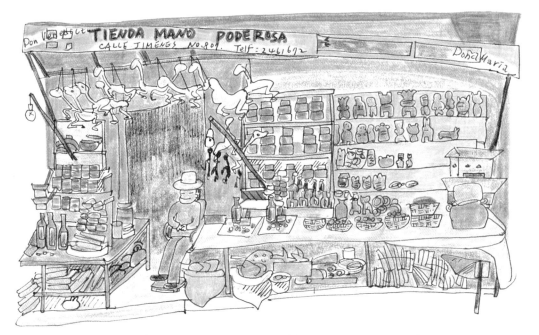

我住的旅館附近的 Linards 街，Santa Cruz街、Jimenez
街 這一帶，是著名的觀光景點—女巫街，店鋪多賣些
祭祀相關的用品。玻利維亞人有一項深植的傳統
：向 Pachamama (帕恰媽媽，大地之母) 及祖先表達敬意
的儀式，稱做challa。會準備好一張祭祀桌，上面擺
著平安符、小石像來祈求健康、工作順利等
，也會擺上房子、錢、牲畜的模型，那代表心
中祈願擁有的物品，還有焚香材料、駱馬
或羊駝胚胎、古柯葉等，亦少不了酒，酒被
用來噴灑在地面，所有的祭品最後會燒
掉，並火然放鞭炮，此祭典通常是週五
舉行，特別是八月。

lustrabota
擦鞋匠

這裡的擦鞋匠很多都蒙面，據說是因為覺得
擦鞋是卑下的工作，所以不願以真面目示人。125

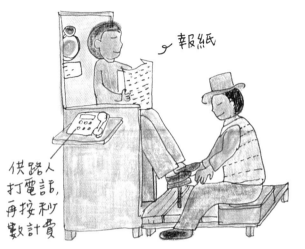

報紙

供路人打電話,再按秒數計費

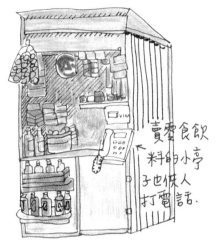

賣零食飲料的小亭子也供人打電話.

一個國家的基礎建設如何,可從交通,通訊,水電管線…等方面去觀察,這裡很少看到公用電話,人民也非人人有手機,所以到處都會看到那種裝了計費器供路人使用的私人電話,顯示了通訊建設方面有待加強。

去了國立民族與民俗博物館,在一處殖民大宅院中,入口

裝飾牆面十分精緻,旅行指南說是免費,去了卻要買票,展出了編織工藝和面具舞蹈相關民俗藝品,不過沒有英文說明☹,且戴著各式面具模擬真人的人偶,把膽小的我,嚇得落荒而逃,好恐怖。玻利維亞的節慶面具感覺多了幾分野性。

176

8月9日(六)　纜車鳥瞰拉巴斯

**almuerzo**(lunch)午餐

在 San Francisco 教堂旁邊的傳統市場 <u>Mercado Lanza</u>吃的
　　　　　　　　　　　　　　(market)　　比較便宜！

**Bs/.15**

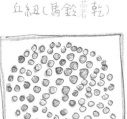

炸雞，共三塊

比拇指指甲粗的玉米

水煮馬鈴薯

chuñu
丘紐(馬鈴薯乾)

**Bs/.2**

當地常看到的飲料
每杯都會有一粒水果，
我怕杯子不乾淨，
用自己的杯子去裝。

杯口**用玻**
璃片先蓋著

一粒杏桃

(但我覺得是用糖
水及香料泡出來的！)

**chuñu** 丘紐的由來：

高地氣候晝夜溫差大，當地人將馬鈴薯放在
草蓆或尼龍布上，置放於戶外，夜間低溫
會使馬鈴薯內的水份結凍，白天太陽出來之
後又使之融化，並將水份蒸發，如此日夜反覆作用之下，可達
脫水作用，使馬鈴薯變得乾燥、耐久藏。

chuñu 的外觀
皮是黑色的

在市場出售時，有時會把黑色的皮
剝掉，或泡水還原。黑色皮剝除
後，整個呈現白色。

至於 chuñu 丘紐好不好吃？

當地人的作法，有的是把 chuñu 蒸熟，放在主菜旁邊當邊菜，
或者加進湯裡一起煮，加在湯裡的，我可以接受，但蒸熟來
吃的，我不喜歡，那口感粉粉的，而且完全沒有馬鈴薯的香
氣，不優～(⌒皺眉)，但這卻是高地居民保存食物的方式。

177

→ 纜車車票，
單程 Bs./3，
是剛完工不久
的，當地人都
扶老攜幼去
搭乘，大家都
好開心。

若要俯看整個 La Paz 的市景，可以選擇前往 Tupac Katari Mirador 瞭望台（Mira 是看的意思！），但現在最好的選擇是搭電纜車，在幾分鐘內將 La Paz 景色盡收眼底，感謝 Denise 和 Geogette 告訴我這項資訊，而且她們送我的地圖真的好好用。

終點站是 EL ALTO，alto 是高的意思，一般旅遊書都把這裡翻成 "高鎮"，這裡有全世界最高的市集，65萬人口（驚！），十分忙亂，到處交通阻塞，有很多攤販、店鋪，甚至一整排壯觀的女巫市集。

我從這裡搭

E·CENTRAL 起站，這一站，在 América 路及 Manco Kapac 路交叉口，我從旅館走過去，是上坡路。市中心站。

E.16 DE JULIO

我的終點站。View 絕佳。

E·CEMENTERIO

CEMENTERIO 是 Cemetery 墓園的意思，很多小巴士都有到這一站。

當地人過世時，通常是西方的埋葬方式進行葬禮，但約10年，他們會重新挖出並加以火化。其後，家屬會在墓園尋覓一個小空間放置骨灰，墓園的牆整齊地劃分了這樣的空間，上下好幾層。每個小空間都覆以透明玻璃，裡面除了放骨灰，也會放紀念物；親人會帶花前來裝飾，纜車會經過墓園上方，看得一清二楚。（我為什麼要看得那麼清楚！）

# EL ALTO 高鎮小見聞

我的路線是從電纜車車站出來之後向左走,有一大排可供吃 喝
玩樂、買東西的攤販,以及足球場地(今天有比賽!)、教堂、女巫市集
(在女巫市集的鐵皮屋中,有一個不太起眼的鐵門,裝作若無其事地
穿過去,可以走到女巫市集鐵皮屋的後方,那是一道懸崖的上方,是
觀賞拉巴斯市景的絕佳地點。)。

世界海拔最高的首都

拉巴斯位於山間盆地,海拔高度3660m,總人口1400萬(驚!),
唯有登高望遠,看到拉巴斯市區的房屋一棟挨著一棟,密密地
蓋起來,才會明白『櫛比鱗次』這句成語的意思,如果把拉
巴斯比喻成一個水盆,那這盆水,已經多到滿出來,滿到讓
人不知如何**是好**。(La paz 意為"和平之城",paz是西語"和平之意)

179

很多玻利維亞家庭沒有相機，家庭出遊時，如果想拍了張照片，就要仰賴背著　相機和印相片機器的『街頭攝影師』，為了吸引大眾的目光，他們還牽了alpaca羊駝到街上，白色和咖啡色的羊駝被洗得乾乾淨淨，毛被梳理得蓬鬆蓬鬆，看起來很像貴賓狗，還繫上彩色毛線球，超級可愛，連我也忍不住跑去拍一張，一張照片 Bs/.10（我自己有相機，還跑去拍！）

（女巫市集）

巨大虫蟹虫案想像 ↓

古柯葉圖案

虫蟹蛛被視為財神，備受南美洲印第安人尊敬，蜡蛛乾還被巫師拿來治病.

一整排鐵皮屋，全是巫師的小屋，門上還有編號，每一戶門口都有火爐，因為所有的祭祀用品最後都要燒掉。有人在巫師的小屋裡請巫師占卜，本人不能前來者，我看到有人拿著衣物前來請巫師作法，這很像是台灣廟宇的『收驚』！從入境玻利維亞之後，就不斷地看見和『巫術』、『作法』相關的事物，這檔事還真是帶動了許多周邊經濟，感覺這件事已經成為玻利維亞的全民運動了。

# 世界的二手市場（簽字筆筆頭被我畫壞掉了 公）

（又漏水了．一定是畫拉巴斯盆地害的）

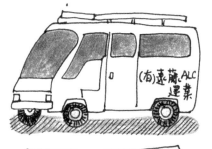

(有)遠藤.ALC 運業

スピーサンメレ 志達

港高砼者在斷

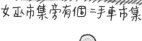

來自日本的二手車，排放很嚴重的黑煙，污染空氣．

女巫市集旁有個二手車市集

看起來很悲傷的布偶和洋娃娃，都是被放棄過等待新主人的娃娃

poor!

成堆的二手舊衣

其實在秘魯和玻利維亞邊界，我就發現這件事了！從 Puno 普諾，一路到 Copacabano 戈帕卡巴那，到 La paz 拉巴斯，街上跑的，很多是來自日本的二手車，車身漆著日文字片假名或漢字，在市集中賣的東西，不一定是新的，有些市集攤位一字排開，價格便宜到令人無法相信，仔細一看。那些衣服和玩具全是二手貨。剎那間，我明白了，在讀過『一件 T恤 的全球經濟之旅』之後，我知道這個世界存在著『二手衣市場』，先進國家人民喜新厭舊，從衣櫃清出的衣服，經過一個結構綿密的二手衣市場網絡後，到了拉丁美洲、非洲等發展中國家，而這些發展中國家一方面被剝削勞力成為世界的血汗工廠，卻也同時是二手貨的傾銷市場，這是全球化底下的不公平貿易，他們窮得連穿新衣的能力 都沒有……。

# 8月10日（日）　動物園

星期天，大部份的店鋪都關門，無街可逛，應該利用星期日移動到其他城市才對，然而，從太陽島到 Sampaya、再到拉巴斯，因為每天健行爬坡的關係，我的腳終於禁不起折騰，從昨天開始……腳踝發炎腫痛☹，今天一直到中午才出門，直接搭小巴士出城，前往 Mallasa，這個據說是拉巴斯市民假日最喜歡去的地方！而且還有動物園 zoológico……，奇怪，貓空纜車和木柵動物園離我家那麼近，我一點興趣也沒有，卻大老遠跑來這裡坐纜車，現在又要去動物園看動物！我的旅行指南上寫著：" …… Animal lovers may be upset by the poor conditions, however. "，真不知裡頭的動物待遇如何啊？我只是想考察一下不同國家對待動物的方式……。

（西文）

GOBIERNO AUTÓNOMO MUNICIPAL DE LA PAZ

**ZOOLÓGICO MUNICIPAL VESTY PAKOS SOFRO**

Casa matriz: Calle Mercado 1298 - Zona Central
Sucursal - 1: Av. Florida S/N - Mallasa
La Paz - Bolivia - NIT: 1029241022
FACTURA ORIGINAL

Autorización:
2003004059875

Nº 00506680

FECHA: La Paz
10 AGO 2014

¡Ayúdanos a cuidarlos!

La reproducción total o parcial y/o el uso no autorizado de esta Nota Fiscal,
constituye un delito a ser sancionado conforme a Ley.

Fecha Límite de Emisión: 31/12/2014

5.00
AÑOS
RES
100 Bolivianos

去 Mallasa 途中，經過 Valle de la luna（月亮谷）惡地地形。

↑成人全票只要 Bs/.5，小朋友票價更便宜，適合全家前來遊玩，政府真貼心 ♥

182

Bs/.20

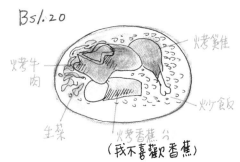

烤雞佳
烤牛肉
炒飯
生菜
烤香蕉 分
（我不喜歡香蕉）

進動物園之前，
先在門口那排
餐廳吃烤肉，這
裡一字排開，全在
賣烤肉。

（動物園的海報圖片）

不可諱言，那塊布十分好用！

也買一條吧！

當地婦女把平日用來背東西的那塊
布鋪在地上，全家直接在動物園的
草地上野餐。玻利維亞人真的很喜
歡野餐，　還看到在安全島野餐的！

動物園的很多設施看起來都還在
興建中，(這個國家到處看起來都
在興建中，房子很多都蓋一半，聽
說是要等有錢才能買材料繼續
蓋！)，因為海拔高度高，少雨乾燥，
動物園裡的樹看起來都奄奄一

Quirquincho
(armadillo) 犰狳

息，動物數量和種類很少，看起來也奄奄一息，我唯一的
收穫是認識了一種叫犰狳的動物，之前在每個巫師桌
上都有這種動物標本，我還以為是穿山甲或食蟻獸…(來
亂的……)，現在總算搞清楚了。

183

GOBIERNO AUTÓNOMO MUNICIPAL DE LA PAZ
TERMINAL DE BUSES - UMD

USO DE MINGITORIO
MUJERES

Bs.0,50    LaPaz

Nº 6074202

IND. GRAF. SIRENA 10.835 Tals. del 06002501 al 7086000

↑ 公廁的票。
（去巴士站買票時拿的！）

BAÑO PUBLICO 要收費的公共廁所的牌子！BAÑO是廁所的意思！（這個字太重要了！），感覺『公共廁所』在玻利維亞也是一項頂重要的事業，到處都可以看得到，上一次 Bs/. 0.5~1 不等，付了錢會給一疊衛生紙，有時還有一張票。不過，我經常看到男士站在牆角小便，每次走過街道都會飄來一陣尿騷味。

小禮帽 ←

華麗大披肩 ←

華麗蓬裙 ←

這裡的女人穿著打扮和秘魯相似，不過，我發現她們使用華麗閃亮有流蘇大披肩的比例很高（秘魯女人也有使用這種華麗大披肩！），每次，在公共廁所和她們錯身而過，我都很替她們的穿著打扮擔心，穿那麼笨重的裙子，要怎麼上廁所啊？頭上那頂小帽子會不會掉下來啊？還有，秘魯和玻利維亞的大嬸為何都這麼胖啊？是因為她們穿蓬蓬裙才顯胖嗎？不，我覺得她們的食量太大了！她們一餐的食量是我的2倍。

Salteñas 超好吃的玻利維亞餡餅（看起來外觀像咖哩餃），裡面包肉及蔬菜，十分多汁，甜中帶辣，超美味。

184  Bs/.3

去總統府對面的冰淇淋名店 Heladeria Napoli，點了一客冰淇淋來吃。

Bs/. 20

# Carcel de San Pedro (San Pedro Prison)

回程在 Plaza San Pedro 桑波多廣場 附近下車，步行過去，主要是想看 San Pedro Prison 桑波多監獄，這座世界聞名的監獄，旅館老闆娘告訴我，現在已經不准觀光客入內參觀了，只能站在旁邊從門縫看，沒想到也不准拍照，我只好站在對面把它的外觀畫下來。在新聞報導中，它是個『自治』的監獄，像街頭小廣場似地，有人在做生意賣東西，有人在閒遊，犯人得出錢租住牢房，依價位有所不同，裡面也劃分勢力範圍，大家各憑本事在裡面賺錢、自食其力，有些人甚至攜家帶眷住進來，所以還有小孩跑來跑去，…… 以前甚至還讓遊客入內參觀，由犯人充當導遊，賺取導遊費，但現在不准許了，因為有犯人在裡面提煉古柯鹼，遊客進來的目的是購買古柯鹼。

今天的行程在喝了一杯難喝的咖啡中結束，玻利維亞明明有生產不錯的咖啡，卻都出口了，本地人喝的是即溶咖啡，用咖啡粉泡的難喝咖啡，對我而言，喝到難喝的咖啡，比不喝更失落，我好懷念秘魯的咖啡，這裡不論貴或便宜的咖啡都好難喝，我只喝過一次好喝的，在Av. America No. 327。

8月11日 (一)　明信片與郵票

　　遠在台灣的四個班級學生說要製作畢業紀念冊，需要我的照片或畫像，要我在暑輔結束之前傳圖片給她們，鑑於接下來的行程不知有無 wi-fi 可用，我昨晚儘管十分疲累，仍熬夜畫了四張蠢蛋小畫，一一拍照傳回台灣⋯⋯，如果沒傳，我一定會被追殺。(害怕😰) (學生好兇喔〜〜) (扭手)

我不要上課，
我要回家！

我要亂上！
地理
仁

告訴你們！
這支吹風機超好用！
坐我

同學們，
我們去種田好不好？
智
Peiyu

你們都是笨蛋！
只有我最聰明
中心
Peiyu

　　晚上要搭夜車前往 Uyuni，加上腳踝有點痛，所以把行李寄放在旅館，然後散步去買明信片，寫完才發現少買一張，於是坐在郵局前的階梯上用水彩畫一張，在人來人往的腳步與注視中，完成一張風景明信片。(真是隨遇而安！)

Lista de correos (poste restante)

186

▼ 給 Peter 的手繪明信片

這裡寄明信片居然比台灣還貴，一張要Bs./18，但　還是忍痛寄了兩張到印度、五張到台灣。郵局的人略通英文，是位美麗和善的小姐，櫃台還展示了許多漂亮的郵票和首日封，我買了一些較便宜的郵票。
（秘魯寄明信片也超貴，一張要 s/5.5）

→ 貼在明信片上的郵票圖案是台灣常見的水果：木瓜和香蕉。

今天要離開拉巴斯了，坐在咖啡館裡，看著這城市，居然有點捨不得。這個城市之所以魔幻迷人，來自於它的三種面貌：

①

Plaza San Francisco西南側上坡路，是一大片常民生活的傳統市集

②

Plaza San Francisco東北側上坡路是一大片西班牙風格殖民建築。

③

Plaza San Francisco東南側下坡路是現代化的辦公大樓商業區

187

每一張郵票，都是一個故事。

① Mi Teleférico
(西語：我的纜車)
2014年始營運，分成
紅、黃、綠三線，用以
解決拉巴斯因人口
爆炸而衍生的交通
及環境問題 (LP
上說有140萬人口)。

拉巴斯為群山環繞的盆地地形，纜車的確是
一項適應地形的實用交通工具。

②③為玻利維亞傳統舞蹈，其中③ Waka wakas 是
和鬥牛有關的舞蹈，我在秘魯看過，② Tinku
(ritual fighting) 源起波多西，是5月3日節慶時
演出的戰鬥舞，非常有名。

⑤ 長得很具草根氣息
的玻利維亞總統莫拉
萊斯；玻利維亞人口中
印第安原住民人數過半，
但經濟利益長期被白
及麥士蒂索人 (混血人種)
壟斷。2005年，人民用選票
宣告他們對社會不公不義
的反彈。莫拉萊斯是印第
安原住民，上任後積極
為原住民發聲。

④ 是玻利瓦爾的肖像，
玻利維亞的國名就是
為了紀念這位革命英雄。
他出生於委內瑞拉的大
莊園，為土生白人，為拉丁美
洲自由與獨立貢獻心力，
解放了
委內瑞拉、厄瓜多、玻利維
亞及秘魯，歷史影響
力難以抹滅。按解放的
順序寫。

⑥ 是莫拉萊斯和委內瑞拉
總統 Chávez 查韋斯的
合照，莫拉萊斯上台後，國家政策向左靠攏，推行
社會主義改革、資源國有化政策，並與查韋斯
攜手合作，抨擊美國帝國主義對拉丁美洲的干預。

188 (註：查韋斯於 2013年過世)

我真博學
要謙虛

這間 ANGELO COLONIAL 咖啡館，收集了很多古董。且咖啡
好喝（我終於喝到好喝的咖啡了，泣！）
Café + torta (cake) = Bs/. 20，有 wi-fi

# ANGELO COLONIAL
## Café - Restaurante

有兩間分店，我去的是①，氣氛很好

| ① | ② |
|---|---|
| **Angelo Colonial II** | **Angelo Colonial I** |
| Mcal. Santa cruz N° 1066 | Calle Linares N°922 |
| Telf.:(00591-2)2124979 | Telf.:(00591-2) 2 159633 |
| La Paz - Bolivia | La Paz - Bolivia |

①的旁邊是它經營的旅館
我順道上去探問了一下（我今天真是太閒了！），單人 Bs/.60，但
衛浴是公用的，且衛浴的門上下都不是封死的，對女生而言，
不太有安全感（不過如果沒有要洗澡的話，就還好！），有一個
可愛的廚房可以煮水泡茶（有提供餐具）；這間旅館是殖民
風格大宅院改建的，房間有濃濃懷舊風，陳設十分簡
單素雅，我很喜歡。（天氣又乾又冷，不一定要每天洗澡）
189

# 8月12日(二) 天空之鏡

La Paz 3660 m

Uyuni 3669 m

↑離開 La Paz 要繳離境稅 Bs/. 2

昨晚搭車離開 La Paz，前往 Uyuni。 票價 Bs/. 100

La Paz → Uyuni　12小時（車子在 La Paz 市區塞很久！）

(7:00pm出發, 7:00am到達) 剛開始是柏油路，後來變成碎石路，且灰塵還從窗戶的縫隙中跑進來，我想我鐵定灰頭土臉！玻利維亞人都帶毛毯上車，我沒有毛毯，也沒有睡袋，只好全副武裝，把禦寒衣物、圍巾、毛線帽全包裹住自己，聽說要去的地方很冷很冷，車子剛開始有暖氣，後來暖氣不知為何就停止了，應是想省錢吧！畢竟我坐的不是最好的巴士，這裡的巴士有等級之分：

**最好的** Cama ，據說椅子可平放，有暖氣

**次好的** semi-cama ，椅子不能平放，(但我坐的椅子好難調整，又沒安全帶，且爬坡好像快爬不上去了！)

車子光是在 La Paz 就塞車塞很久，看著 La Paz 市區種種交通亂象，行人與各種大小不同的車輛任意以曲線方式穿梭在同一條馬路上，實在太恐怖了，但我一直在想一個問題，就是其他

背包客問我的話，他說，你不覺得這個國家很 unorganized、很 crazy 嗎？是啊！但這就是它原本的樣子啊！如果不是的話，那就不是它了！而且，平常在台灣的我，過著極有紀律的生活，按課表操課，如果這個國家不那麼 unorganized 的話，反而就沒那麼有趣吧！(不過 unorganized，有時需要很大的耐心，也會製造麻煩)，既然是自己要來，就要接受它原本的樣子。

我雖然全副武裝坐夜車，但唯獨漏掉腳這一項，只穿薄棉襪的我，身體是暖的，腳卻是冰的，清晨，因為雙腳冰冷而凍醒，卻發現整片車窗玻璃都結了一層冰，而任憑我不論把車上提供的毛毯如何包覆自己的下半身，仍抵擋不住那從腳底竄升上來的寒意，我才真切地意識到，我要去的，是一個夜晚降到零度以下的地方。太陽出來了，車窗上的冰漸次融化，車子到了 Uyuni 烏優尼，下了車，街上的溫度指標寫著 "0度"。

一下車，就有旅行社和旅館的人來招攬生意，有位旅行社的先生把行程簡章塞進我手裡，我領了行李，隨意與他聊幾句，他說他的旅行社辦公室有暖氣，一聽到『暖氣』這個單字，我立刻就跟他走了…… 實在是太冷了啊！結果接下來，所有的事情簡直就是『無縫接軌』，在旅行社遇到一個阿根廷男生，他和日本女友都要包這個旅行社的行程，他們倆十分友善，介紹我去隔壁找旅館，說不但便宜且熱水超熱，我也跟著他們包了10:30的一日遊行程，又一起去吃便宜市場早餐，旅館、早餐、行程，通通到位！191

# Salar de Uyuni 烏優尼鹽湖

是世界上面積最大的鹽湖 (12106 km²)，乾季時，置身於乾涸的鹽漠與藍天之中，那無止境的雪白世界，讓人驚嘆自然界的無窮無盡。而雨季時，表面一層積水，因為含有鹽的結晶體，形成如鏡面般的反射作用，這就是被形容為此生必遊的景點一 天空之鏡，映照藍天白雲，宛若天堂。

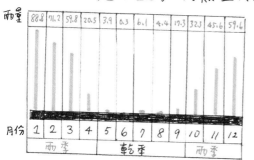

| 雨量 | 88.8 | 71.2 | 59.8 | 20.5 | 3.9 | 0.3 | 6.1 | 4.4 | 17.3 | 32.5 | 45.6 | 59.6 |
|------|------|------|------|------|-----|-----|-----|-----|------|------|------|------|
| 月份 | 1 | 2 | 3 | 4 | 5 | 6 | 7 | 8 | 9 | 10 | 11 | 12 |
| | 雨季 | | | | 乾季 | | | | | | 雨季 | |

現在是乾季，我來得不是時候，應該只能看到乾涸的鹽漠，但我還是來了，忍受超過10小時的舟車勞頓，忍受酷寒的低溫……，就算看一眼乾掉的鹽湖，也好。

旅行社: Hodaka Mountain Tour Operator 穗高岳旅行社

行程: 我參加的是 One Day Tour  10:30出發, 19:00回到 Uyuni

景點有
- Uyuni trains cementery 火車墳場
- Colchani, Uyuni Salt plane, the Salt Hotel. 鹽旅館
- Playa Blanca 白色湖灘 (white beach)
- Isla Pescador (fish Island) 魚島
- Bloques de Sal 鹽堆 (或翻成鹽山)

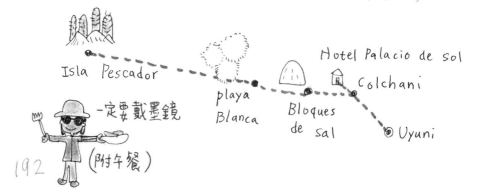

Isla Pescador

playa Blanca

Bloques de sal

Hotel Palacio de sol
Colchani

Uyuni

一定要戴墨鏡

192 (附午餐)

同行者有阿根廷人、香港人、日本人、西班牙人

停放了很多古老火車的
火車墳場，已經成為
觀光景點。

像小山一樣的鹽堆，當地人
食用鹽的來源。這裡豐富的
鋰礦可以做很多很多手機
電池咧！

鹽做的周雄
刻。

（白色）

鹽磚
（很硬）

（白色）

鹽磚蓋的旅館

鹽旅館內的桌椅，也是鹽做的！

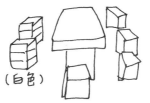

（白色）

（白色）

乾涸
鹽灘，呈六角形
圖案排列

魚島上長了好多高大的
仙人掌

天空之鏡
真的好美！

旅行社
發雨鞋給
我們

（倒影）

雖是乾季，但
旅行社仍努力
找到有積水的地方，
讓我們見到渴望的「天空之鏡」

我在鹽湖上
做跳起躍動
作，留下超有
活力的照片

193

# 安地斯山及 Uyuni 烏優尼鹽湖小檔案

阿爾蒂普拉諾 Altiplano 高原

地理教室

安地斯山縱貫南美洲西岸，綿延7200公里，是全世界最長的山脈，也是僅次於喜馬拉雅山脈的世界第二高山脈。

安地斯山的形成是因為納斯卡板塊沉降隱沒於南美大陸板塊之下，同時也伴隨著地震及火山活動，至今仍極為活躍。例如：利馬於1746年、庫斯科於1650、1950年，都曾發生極為嚴重的地震災害。(諷刺的是，西班牙人所蓋的殖民建築，許多都毀於一旦，而古老印加時期以巨石切成的建築基座，卻都未見撼動)。

安地斯山脈
南美大陸板塊
太平洋
納斯卡板塊→

安地斯山的山體由兩列平行山脈構成，間或插入其他山脈或為山谷、高原所分割，在秘魯、玻利維亞有平均3800m 的 Altiplano 高原，夾峙於這兩列山脈之間。Altiplano 西班牙語意涵為 high plain，就是"高原"的意思，著名的 Titicaca 的的喀喀湖，及我去過的秘魯城市 Puno 普諾、Cuzco 庫斯科、玻利維亞城市 La Paz 拉巴斯、以及將拜訪的 Uyuni 烏優尼、Potosi 波多西等，都位在這片 Altiplano 阿爾蒂普拉諾高原上。這片高原也因為被兩排山脈夾峙，且高度太高，所以雨雪稀少，形成猶如沙漠般植被稀少的荒漠景觀，稱為寒漠。歷經板塊擠壓、安地斯山從海底隆起的過程，其中也在山之間形成了許多由海水形成的鹹水湖泊，這就是 Uyuni 烏優尼鹽湖的成因。(日本背包客問我，我居然答得出來!)

194

# 8月13日 (三) 前往波多西

我不喜歡團體活動！

你是擔心睡過頭，連累別人吧！

昨晚住的旅館是背包熱店！

Hotel Avenida

地址：Ferroviaria 11，Hodaka mountain 旅行社就在旁边。

單人房，公用衛浴，熱水超級熱，有wifi (wifi龜速！)，(一人Bs/.40)

晚上好冷喔！我都要結冰了。

＊有台灣人看了旅館推薦單，來敲我房門。

我只住一晚，就決定閃人了。雖然Uyuni 還有其他行程 ex：三天兩夜，可以包行程，應該很好玩，但懶惰又怕冷的我，決定儘快閃人，雖然團體行程的行程很吸引人，但我實在不太適合團體活動，不能愛睡到幾點就睡到幾點，好痛苦，而且我應該會在零下的溫度結冰吧！所以，one day trip 對我而言，已經 enough 了，我決定立刻開拔，前往 Potosi 波多西！(結果又睡過頭，沒聽見鬧鐘響，差點趕不上早上第一班前往波多西的巴士……)。

連滾帶爬趕上巴士的我，坐在車上，沒吃早餐，餓著肚子，心想沒關係，搭巴士不是沿途都會有人上車賣吃的嗎？但沒

一路上常見小心駱馬 (或羊駝) 的標誌

想到從烏優尼到波多西的路程，都是荒野，什麼都沒得吃，只能吃土吧！這一帶都是當地人放牧駱馬羊駝的高山牧場，車子經過時，吃草的動物們還會抬頭瞄一下，很好笑……。好想把駱馬殺來吃掉喔！195 (實在太餓了～)

Uyuni扁優尼 → Potosí波多西，票價 Bs/. 30
約4小時，路鋪得超平的，不會覺得在坐碰之車。

我一路上一邊擔心自
己肚子餓，一邊擔心
有些荒原地帶有滿
地的塑膠袋
污染，不知道是誰
拿去那裡丟的？要多

少年才能分解呢？怎麼辦？不知不覺就來到了
波多西，搭了小巴士進城，順利找到旅館（其實是懶惰的
我不想找，只看第一間，即使不滿意，還是住了）

地址：Julin 14，單人房，公用衛浴，熱水是熱的，不是溫的！附早餐
每人 Bs/. 50。特大缺點是房間沒有對外窗，好悶～我放下行
李又外出再找其他旅館，準備明日再搬，找到一間殖民大
宅院改建的旅館，價格便宜.又可發思古之幽情，但沒想到，
我回旅館後發現，旅館居然有"暖氣"！且因為沒對外窗，
不通風，居然很溫暖，害我陷入天人交戰，不想搬了！

睡了一覺才出門覓食吃晚餐，很多餐廳都關了，想喝熱
湯卻無從尋覓，只好上炸雞店。感覺這裡料理食物的
方法很有限，大部份都是油
炸，實在吃不慣，我思念和
魯食物思念到一種氾濫的
程度，我不要再吃炸雞了啦！
怒！

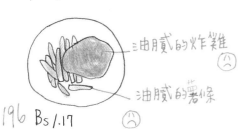

油膩的炸雞
(八)

油膩的薯條
(八)

196 Bs/. 17
(八)

8月14日（四）大吃大喝

今天真是開心的一天！吃到好吃的東西，YA！

我又睡到七晚八晚，差點錯過早餐時間，睡得又溫暖又滿足，我真是容易滿足啊！吃好、睡好，我就開心了！

昨晚在想一個問題，把自己搞得頭腦混亂……。這次出門，我才意識到，原來，我在台灣的背包客界，算是小有名氣，因為，碰到的台灣人都說他們知道我。

出門旅行，就是想離開自己原來的角色，把心清空，可是，別人說知道你，就表示你仍然是某個角色，然後，別人用他們眼中認識的那個你跟你說話……甚至說他們的期待……，可是，我根本不認識對方，而且他們眼中的那個『我』，只是一部分的我……，別人提到我的時候，我總是反應遲鈍、慢半拍……，因為事實上，每一本我寫的書出版之後，那本書就離開了我，那些手繪日記裡的我，是過去的我，我總覺得他們口中的那個人，講的是別人吧！不是我。

我簡單的大腦實在不適合思考這些折騰人的問題，愈想愈迷糊，我只要繼續像以前那樣旅行就好……。（腦袋裡突然浮現楊絳的百歲感言：世界是自己的，與他人無關），唉～我真是一個害羞內向的人～

史小比，告訴你！
我可是個名人喔！（科科）
你幹了什麼壞事？
事實上：個性害羞，請勿驚嚇。

吃和睡，真是我的強項，為了避免再吃炸雞，今天特地把旅遊書的eating篇詳細閱讀完，才出門，果然就吃得眉開眼笑。真滿意。

197

# 本日吃喝行程

你會肥死

波多西1987年被聯合國教科文組織列為世界遺產,因為這邊有豐富的歷史文化及殖民建築,可是我沒去逛教堂,也沒去看什麼有名大宅院,先上街吃喝一番,撫慰我那進玻利維亞以來一直很空虛的胃。

其實我很喜歡波多西,因為這裡並不觀光化,雖有遊客,但整個城鎮呈現的,是一種常民生活的樣貌,我漫步其中,像個當地居民那樣。

→畫得像握壽司,囧.

## Salteñas (餡餅名店)

餡餅控

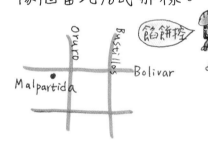
Oruro / Bustillos / Malpartida / Bolivar

這間據說是全波多西最好吃的餡餅店,在玻利維亞每天至少要吃兩個餡餅的我,一定要去評鑑一下!

這間果然名不虛傳。好吃的Salteñas必須餅皮酥脆,內餡美味多汁,這間的內餡超 juicy。兩種口味我都試了。

carne
牛肉口味 Bs/. 6

pollo
雞肉口味 Bs/. 6

這間店應是本地熱店,也有賣午間套餐,既然來了,就點一份來吃吃看。Bs/.15

前菜

Sariinella
魚肉和番茄做成的沙拉
麵包

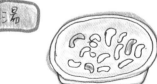
湯
有通心麵和牛肉的奶油濃湯

主菜 puchero

燉雞肉 ——— 燉敦包心菜
chuña
馬鈴薯乾 ——— 馬鈴薯

puchero 是燉鍋的意思，
因此這道菜是美味的燉菜！
(事先查字典，果然就可以避免
點到炸物)

甜點 compota de mocochinche

compota 是把水果加糖
去煮的一種甜點

像零錢般
的水果

mocochinche 是用去
皮乾燥的桃子加糖和
水去煮，是玻利維亞
常見的飲料，堪稱玻
利維亞國民飲料。

Bs/.5

吃到甜點的部份時，我把吃了一半的甜點放在
桌上，跑去櫃台加點一瓶本地常見的水果口味瓶裝
飲料，不料，回座時，發現剛剛走入餐廳要錢
的乞丐，把我吃一半的甜點吃光了，我驚訝得說
不出話來，靜靜地坐下來喝飲料，看著衣著破爛
渾身發出異味的他，到每一桌去撿剩食來吃，甚至
拿著桌上的空杯，要隔桌客人倒飲料給他喝，那
客人也照辦了，店裡的服務生也不阻止，不驅趕，這個國家
有許多生活在貧窮線以下的人，我想，他們靜靜地進
餐廳乞討食物，未曾見過有被驅趕的狀況，是給這些可
憐人填飽肚子、活下去的機會吧！

Bustillos
Bolivar
冰淇淋店
(在1044号隔壁)
Bs/.3

去本地人常光顧
的冰淇淋店買
了兩球美味的
冰淇淋。

Bs/.6

在旅館對
面的熱食
攤，買了一
個現做的熱雞肉
堡，調味好重。

199

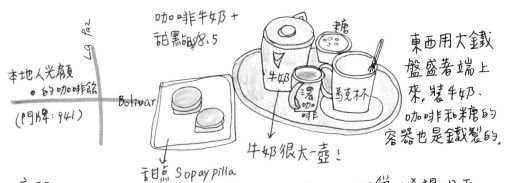

La Paz

咖啡牛奶 +
甜點Bs/8.5

糖

東西用大鐵
盤盛著端上
來. 裝牛奶.
咖啡和糖的
容器也是鐵製的.

本地人光顧
的咖啡館

Bolivar

牛奶

濃咖啡

馬克杯

(門牌:941)

牛奶很大一壺!

甜点 Sopaypilla

這間咖啡館是閒逛時發現的，十分小巧可愛（希望明天
有機會可以偷偷畫它. 今天太多人注意我了, 有點不好意思~），牆
上掛了一些波多西老照片, 小小一間店擠滿了當地人, 我
想拍桌上的甜點和咖啡時, 整間店的人都一直對著
我笑, 老闆娘又特地送上一盤蛋糕, 說連蛋糕也一起拍吧！

　　這間可愛的咖啡小店只營業到七點, 喝完咖啡.
身體和心都暖暖的, 走到旁邊的雜貨店去向
親切的老奶奶買水, 順便帶一瓶波多西啤酒
回旅館, 可愛的老奶奶還比手劃腳要我別喝

Bs/. 8
波多西牌啤酒

醉, 哈哈, 天啊！我真是愛死了波多西, 可
愛的人、可愛的巷道, 而且, 給人一種安全感。

然而, 晚上悲劇在無預料的狀況下發生……。

BAÑO　（廁所）

就愛亂吃
吧！

整天亂吃一通的結果, 就是~拉肚子。
實在太悲劇了。

　　不斷地跑廁所, 連覺都沒睡好,
一早還得參加礦坑一日遊行程,

200

不要掉進礦坑裡才好。我的鬧鐘太小聲, 根本吵不
醒我, 特地又下載了兩個鬧鐘APP, 希望別遲到。

# Casa Nacional de la Moneda (National Mint) 銀幣十博物館

建於1572~1575年，負責鑄造西班牙國內及其殖民地使用的貨幣，據考證，明清時期中國閩南流通的貨幣有些就是在玻利維亞鑄造的。(這世界其實很久以前就開始全球化)

十博物館代表圖案是 "酒神"圖案。

The ferst money printed for Bolivia

Macuquina coin

這幅"聖母山"( La Virgen de cerro)的畫，是十博物館收藏的畫中最有名的，畫中的細節透露了當初當地人發現銀礦的傳說，而畫中聖母的形象被畫成一座山的圖案(三角狀)，暗喻著對Pachamama(大地之母)的信仰。

## 波多西小檔案 (1987年被列為世界遺產)

在納斯卡板塊與南美大陸板塊互相碰撞擠壓，形成安地斯山的過程中，許多岩塊因高溫高壓而產生變質作用，熔岩從地殼深處入侵地層，化學置換作用使得某些金屬元素特別聚集，而形成豐富的礦床。

1545年，西班牙殖民者開始在波多西開採銀礦，西班牙人借用前印加帝國的米塔制，強迫18歲以上的男性原住民至礦區勞動，並從非洲引進黑奴，銀礦經由秘魯港口輸往宗主國，有人描述 "如果把波多西的銀礦鋪成一座橋，足以連接到西班牙"，西班牙文有句話說："Vale un Potosi"，直譯為:『像波多西一樣富有』，繁盛期人口達20萬，是南美最大的城市，但19世紀礦藏枯竭，城市隨之蕭條，僅留下無數華美的教堂及殖民建築，讓後人憑弔昔日繁華。

# 8月15日 (五) 礦坑之旅

Aymilla

前天外出找旅館時，在某廉價旅館看見一位女孩穿著打扮和我所見到的玻利維亞人大不相同，我以為是少數民族，後來又在街上看見她在賣一些餅乾及麵包抹醬，我暗自記下她的穿著 (因不敢公然拍照)，閒晃到 Plaza 10 de Noviembre 廣場時，在附近看見一間旅行社，一時興起，進去問有關礦坑旅遊(mine tour)的細節，老闆通英文，且十分熱心，額外又介紹了許多 Potosi 的歷史文化，我在紙上畫下我所看見的女孩的穿著，詢問老闆究竟是什麼民族？老闆告訴我那是住在波多西鄰近地區的 indigenous communities，不同的社群在穿著上有些細節區分，就連我所看見的那女孩，也可從她穿的 Aymilla (黑色長圍裙) 的長度去判別她是混血的 mestizo 麥士蒂索人或純種的 indigenous people、女孩頭上戴的白帽，加上鏡面裝飾，可分辨已婚、未婚；說到 indigenous communities，老闆忍不住又繼續向我介紹 "Tinku" 這個節慶傳統，並秀照片讓我瞧瞧那繽紛多彩的服飾舞蹈，然後告訴我 Tinku 的重頭戲是不同 communities 之間的 fighting，聽起來有些血腥暴力，難以理解……。不過老闆誠懇熱心的態度，讓我當下決定要參加他的礦坑行程，所以昨天傍晚就去報名了。(看到報名表格上，今天早上只有我和另一位巴西人參加行程)

昨天那間 Bolivar
NO,941 的平民咖啡食堂

# Mine Tour 礦坑行程！

Ayachucho

Plaza
10 de
Noviembre

cobija

Lanza

● Potochij Tours 旅行社

住址：Lanza 46号

老闆：Antonio

老闆娘：Vicky

費用：Bs/.80

時段：有分上,下午時段

　　上午：9:00～13:00 (在礦坑中約2hr)

　　下午：4:00～18:00 (　　〃　　)

 我參加上午時段

注意：① 先上廁所，礦坑裡沒廁
　　　所，礦坑外也沒廁所....
　　　我只好在草地自然解放

② 最好不要帶包包，讓雙手空出來，
　　因為在礦坑裡時常要爬上爬下。

③ 礦坑中粉塵非常多，相機很容易
　　弄髒，心疼相機者要做好防
　　護措施。

④ 穿上你最髒,最破舊的衣服進去，因
　　為最後會灰頭土臉。　　203

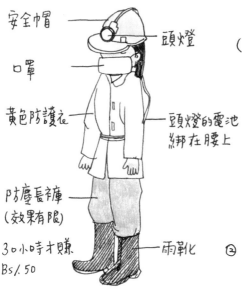

安全帽 — 頭燈

口罩

黃色防護衣 — 頭燈的電池綁在腰上

防塵長褲（效果有限）

30小時才賺 Bs/.50

雨靴 ②

石廣工帶進礦坑的東西：
（參觀前可買這些東西送給礦工）

① 古柯葉 coca leaf

用來祭祀礦坑之神 Tata kajchu，同時也藉由嚼食古柯葉禦寒（礦坑在地面下數十尺，很冷），止飢、消除疲勞。（吃的時候是整把放進去）

cigarette 菸

這種菸和平常的菸不同之處在於它的成份：

{ pure tobacco
cinnamon 肉桂
orange peel 橘皮
coca leaf 古柯葉 }

③ LLipta

一種白色塊狀的東西，嚼食古柯葉時，刮下一些 LLipta 的粉末，混入一點鹽，嚼食之後口腔會覺得麻麻的，有發熱感。

LLipta 用什麼做的？

{ 馬鈴薯皮
Quinua 藜麥粉
Stevia 甜菊 }

⑤ amonia mixture 和炸藥一起用

dynamite 炸藥

塑膠炸藥，直接點火也不會炸開，外型很像可塑的黏土，引爆方式是要在炸藥上插上引信引爆。在波多西隨便都可以買到，我和巴西單車男說要買炸藥去搶 ATM，礦工可考慮以「搶匪」做為副業。

引信管

④ 酒

酒精濃度高達96%用來加水喝 或在祭拜礦坑之神 Tata kajchu 時使用。這種酒是用甘蔗釀製蒸餾的。

# Mine Tour 三人團：

旅行社老闆Antonio　我　巴西單車男

COOP. MINERA 1ro DE ABRIL

Antonio 說他有在礦場工作過,是使用炸藥的第一好手! 巴西單車男會講葡語、西語和英語,不過為了配合我,他和 Antonio 全程講英文,好有禮貌,好貼心。

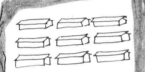

在礦坑外一排排整齊房子是礦工及其家人的宿舍

女人不能進礦坑工作,只能在外面清理礦渣不然會帶來不幸

礦土坑叫像一個大山洞,下去的坡度很陡

坑道窄小又低,要小心撞到頭或掉進洞本裡。

→ P.E

坑道兩側牆面上有做記號,指示方向。

礦坑中有很多管子,用來輸進新鮮空氣。

礦工2名,推著裝滿礦的台車,倒入吊繩容器中,送到地面

坑道兩側的圓洞是用來放置炸藥。敲下來的石塊整齊堆疊成牆

有些坑道很陡,我像蝙蝠俠,爬上爬下

205

抽菸中
……

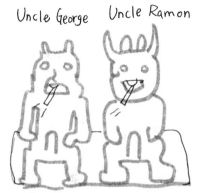
Uncle George　Uncle Ramon

## Tata Kaj'chu 礦工之神，掌管地下

長相兇惡，用黏土塑成，頭上有角，突出的男性生殖器官表示祂孕育礦區的能力，雙手放在膝蓋上。

礦工們相信天堂有神、地獄有魔鬼，而礦工所工作的礦坑是接近地獄的地方，所以他們在礦坑裡用黏土、水泥等塑出一尊尊 Tata kaj'chu 的塑像，透過祭祀行為來尋求保護。礦工們稱祂為 Tio(uncle)(叔叔)，每週五是進行祭祀的重要日子。

## Yanantin 儀式、cla'lla 儀式

每週五，進行 cla'lla 儀式，以古柯葉、酒和菸為祭祀物品。Yanantin 其實應該說是一種空間觀、思想論，認為事物有其二元論，例：天堂與地獄，地面上有 Pachamama (大地之母)，而地下有 Tata kaj'chu 神。祭祀時，雙掌合為碗狀，置入古柯葉，以口吹氣，將葉子依序撒在神的手、腳、生殖器官；然後倒酒，依序灑在手、腳、生殖器官，再灑在地面，然後剩下的，自己喝掉。最後是點菸，把菸放入神像口中。整個儀式的進行十分莊嚴慎重，祈求礦工在地下的安全與收穫。

206

←巴西單車男:
我好想知道有
多少觀光客
死在這個礦坑裡?

哈哈哈哈…
(狂笑)

我

礦坑裡的環境十分惡劣,我們是來觀光的,但礦工卻以此為業,他們長期曝露在滿是粉塵的環境中,很多人罹患矽肺病而終結而生命,鎮日在陰暗的坑道中敲敲打打的辛勞,唯有親身走一趟,才能體會箇中滋味,其實,在參加這個 Tour 之前,我是很掙扎的,因為我質疑自己若參加了,是否是把看別人受苦當成自己的觀光娛樂?且旅行指南上不斷地強調參加此種行程必須承擔生命風險,但卻又強調如果參加了,這將是難忘的旅程……(這本旅行指南從很前面開始,就不斷出現很多被搶,被騙…很危險…的警語,把膽小的我嚇到每到一個景點就神經兮兮……);我後來還是參加了,我和巴西單車男在入礦坑之前買了古柯葉、菸、飲料等,做為給礦工的小禮物,在坑道期間,Antonio 很盡職地講解,也有和善的礦工和我們閒聊,Antonio 會將我們買的小禮物送給礦工,期間有碰到一團玻利維亞觀光客,Atonio 告訴我,玻利維亞人來參觀礦坑很好,因為他們才能藉此認識波多西的歷史,而波多西的歷史在玻利維亞的歷史佔有重要一頁,也是世界歷史中曾經閃亮的一枚印記,Atonio 認真地說,生活在這片土地上,必須明白過往前人走過的路。

207

我發了

大塊的給你！我騎單車，行李有35 kg 重！就算多10公克，我都在乎。我拿小塊的就好！

Antonio 在礦坑裡敲下了兩塊含銀的石頭，送給我和巴西單車男當禮物。

離開礦坑，重見天日時，真有種"oh～ I survive ……"的感覺，在礦坑中爬行過程中，老實說，『我為什麼要花錢找罪受！』的念頭不止一次升起！來玻利維亞之後，在寒冷天氣中，洗完不冷不熱的澡，我會慶幸"oh～ I survive…"，搭完天寒地凍，路上滿是碎石坑洞的夜間巴士後，我也慶幸"oh～ I survive….."，這絕對不是背包客入門級的國家，這是進階級的，有練過再來比較好。

PUKA WASI 餐廳名稱
ALMUERZO 午餐
Entrada 前菜：Bufet 自己取用的生菜沙拉
Sopa 湯：Letras 字母湯
Segundos 主菜
✦Aji de carne 胡椒燉雞肉
✦Pejerrey 魚
Postre 甜點：Fruta 水果

(↑午間套餐 Bs/.15)

行程結束之後，我和巴西單車男飢腸轆轆（爬上爬下，運動量太大！），Antonio 推薦了他旅行社附近的一間本地人常光顧的餐廳，巴西單車男說他有去吃過，便宜又好吃，提議一起去！午餐有了巴西單車男翻譯，終於可以吃到不是油炸物的東西，而是用香料燉的美味雞肉，真是心滿意足。

208

TAHUA TAHUA

波多西本地特有的一種油炸點心，將四角形麵團油炸之後，裹上糖漿，街頭到處都有賣！Bs/.1 大概可買 3~4片。Quechua 克丘亞語中，數字 "4" 的讀音是 "tahua"，這種四角形點心才被叫做 "tahua tahua"。

masaco
一種香蕉和肉混合而成的下午茶點心。

CuñAPE (Bolivia cheese ball) 起士發麵包球

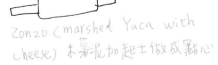

Zonzo (marshed Yuca with cheese) 木薯泥加起士做成點心

脖子上有刺青 "七轉八起" 是一句日本名言，跌倒七次，爬起來八次，意思是跌倒了爬起來，頑強奮鬥。日文寫法是 しちてんはっき

巴西單車男是個妙人，念的是歷史，畢業後卻跑去日本料理店學作菜、當廚師，他醉心日本文化，還秀出脖子上的漢字刺青給我看，他說巴西有日本移民社區，我們小聊了一下關於這段日本人移民巴西的歷史，我剛好也在書上讀過……。他告訴我壽司在巴西衍生出來的吃法其實比較像美式壽司的吃法，不過巴西人居然有把壽司放在甜点或冰淇淋上的吃法，真是昏倒。

巴西單車男分享了他一路在玻利維亞騎單車旅行的心得，他居然去了切·格瓦拉當年被美國中情局下令處死的無花果村，據說是個鳥不生蛋的地方，他說喜愛摩托車日記的人，來了玻利維亞，應該去朝聖一下。騎單車旅行好像可以很深入很有趣，真羨慕。最後，又聊了彼此在街頭亂吃小吃的經驗，整天都講英文，我都要口吐白沫了。

209

（Antonio 和 Vicky 送給我的明信片，Vicky 雖不諳英文，但始終很努力想和我交流並表達她的善意，那種溫度我感受得到，我為他們寫了中文心得貼在牆上。謝之他們耐心地回答我多如牛毛的問題。）

8月16日（六）　前往蘇克雷

其實我是喜歡波多西的，市中心區的殖民風格建築與走幾步路就會碰到的教堂，那精緻的立面在在訴說著它曾有的繁華，狹小的街道，人車熙攘而顯得活力十足，只住三天實在嫌短了些，我該用什麼方式向這個城市告別呢？昨晚我上教堂和當地人一起祈禱，在街頭漫步。夜晚的教堂都打上了迷人的燈光，幾處街區都有人為即將而來的節慶樂舞表演做準備，好有生活感的地方啊！真捨不得離開，在教堂裡，那氛圍，讓我覺得自己某些部份被療癒了。但我想去看 Sucre 蘇克雷附近某小鎮的週日市集，還是必須動身前往 Sucre，向波多西告別。

Sucre 蘇克雷 (2750m)
Potosi 波多西 (4090m)

波多西有兩個巴士站，一個舊的，一個新的。舊巴士站外有很多前往蘇克雷的 shared Taxi，一人約 Bs/.45，新巴士站很大，前往玻國各主要城市的巴士都可在這裡搭乘，為了安全起見，我選擇搭巴士前往蘇克雷。(不放心搭共乘計程車)

波多西 → 蘇克雷，≒ 4小時，Bs/.20

離開波多西，在郊外的無人荒原上，看到一個個的塑膠袋掛在灌木叢上，心裡真的很難過，這裡有 pure 的人，pure 的風景，但他們卻還沒有準備好來迎接這些工業化製品，還沒有能力處理這些污染，等有一天他們發現這些問題的時候，會不會太晚了呢？

211

因為昨日礦坑行程結束之後，洗澡不小心著涼了，一開始生病的過程中，我整個人呈現昏昏沉沉的狀態，睡了一下，醒過來時，望向窗外的風景，心中一驚，這個國家的人民知道他們擁有很棒的山景嗎？那氣勢磅礴的大山，姿態各異，大氣得很，我彷彿看見李唐的斧劈皴，下筆有力，點如墜石，車行至有流水、綠樹、人家的山谷，那錯落有致，形態各異其趣的林木、間以質樸的屋舍，平遠疏朗，宛若趙孟頫的"鵲華秋色"再現……，數小時的車程中，我再也捨不得闔眼了，我好像讀了一幅水墨長卷般，至今仍覺得有滋有味。

Av. Hernando siles
Arce
Ravelo
Arenales
Urcullo
N↑
Plaza 25 de Mayo
San Alberto

Wasi Masi Guest house
• Espaaasi
Calle Urcullo N°233
http://www.wasi-masi.com
roxana@wasi-masi.com
FB: wasi masi sucre

單人房 Bs/.65，公用衛浴，熱水不太熱，但我已經漸漸習慣了。有 wifi，附早餐。  Bs/.1

△ 交通方式：從巴士站下車後，坐小巴士 A 或 3，坐到 Urcullo 和 Arce 的交叉口，步行一下下即可。

pollo 雞肉
tallarin 麵條

放下行李，先去菜市場喝碗熱湯，今天週六，很多店面休息，沒有什麼餐廳可以選擇，只好上中國餐廳，中國人果然比較勤奮努力，週六也開店，這次我點了一整盤炒麵來吃。

8月17日(日) 假日市集

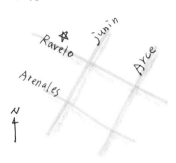
Ravelo ☆ Junin Prue
Arenales
N↑

（塔拉布科）
# 前往 Tarabuco 市集
方法① 先在Ψ處搭小巴士7或C，然後跟
　　　司機說：　　　　　　　　　Bs./1

```
PARADA
TARABUCO
```

他會在 Av de las Américas 叫你下車
② 再去搭前往 Tarabuco 的小巴士 Bs./.9
　約一小時。

BIENVENIDOS A TARABUCO
MUNICIPIO PRODUCTIVO Y TURISTICO

村子入口有看起來像牌樓的東西
看得出來是有想要好好發展觀光
的樣子。這個市集只有週
日才有，可以看到附近不
同族系的人穿著傳統服飾來
購物，不過聽說這裡的人不太喜歡拍照，所以我很
謹慎地把相機收好，不敢隨便拿出來。

穿黑色系上衣
及裙子的婦
女，上半身以一
塊黑布披著.
胸前用別針固
定,黑布有滾彩
色邊裝飾

（腳卻穿輪胎鞋）

→ 最特別的是這
種黑色皮革做成
的圓形帽子,邊
邊綴有小花或珠
飾,男女皆有
　　戴。　213

→ 男生穿斗篷
puncho,有分花
色代表不同族系.

造型特殊
鮮豔的帽
子。(現成為
觀光商品)

特殊的
編織

來這個市集的目的,是因為旅行已漸漸接近尾聲,可以
買些伴手禮回去送朋友了。可是,不曉得是因為這裡漸
漸觀光化還是怎樣,賣紀念品的商店開價都高得嚇人,
然後要你砍價,說個價碼……,還有在路上硬把東西塞在
我手裡要我開價,我想還她,她不肯收回,硬要我買……,
凡此種々,讓我想購物的心情逐漸被冷水澆熄,
最後只買了一條手工織的毯子就落荒而逃了,那種你
來我往的殺價行為實在太累了,為什麼要這樣呢?

Bs/.200
回家鋪在和室給你
睡覺啊!

這個很重,
買這個做什么?

順便買了菸給
酒肉朋友 Peter

夾10支

報紙
包裝

Bs/.1 (我要馬桶
他價格是Bs/.10)

有很多賣紅
辣椒乾的,
但我沒買。

不知為何,玻利
維亞人很喜歡吃這
種色素果凍,上面有一大
團鮮奶油

214

他們用這種螺旋形
打蛋器來打鮮奶油,
我在台灣也有一支,
做蛋糕時便用。

玻利維亞人熱愛鮮
奶油,很多東西都加鮮
奶油,皆倒。

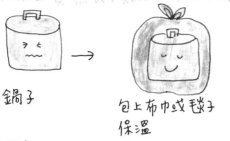

玻利維亞賣熱食小販的保溫方法

鍋子

包上布巾或毯子
保溫

所有的鍋子排之站，就
開始做生意

用一桶水洗所有
的盤子 ⊗

還好我有打
肝炎疫苗

感冒有加重的趨勢，

我先到市場去喝碗熱湯禦寒，天空居然開始下雨，氣溫愈降愈低，還是打道回府睡大頭覺吧！一上小巴士我就開始狂睡……，昨晚咳到根本沒睡，很不舒服。順利回到市區，原本想回旅館，但臨時改變主意，決定去喝杯咖啡，正考慮著該去哪家咖啡館….瞥見某咖啡館有個亞洲女子向外張望，我瞄了一眼，繼續向前走，豈料，突然有個男的從後面追上來，一個箭步衝到我面前，把我嚇呆…立在原地……，這一路上歷經假金光黨想騙錢…還有人把不明液體潑在我身上想趁機偷東西，以及巴士上故意推擠的扒手……，害我走在路上時草木皆兵，隨時提高警覺（真是江湖老．膽子小啊！）….原來，坐在咖啡館的亞洲女子和追上來的男子是香港人，從我之前遇到的台灣朋友那裡知道我人在玻利維亞且要停留蘇克雷，他們讀過我的書……，一切相遇皆太巧合，我們閒聊一陣，交換旅遊心得，並相約明日一起做晚餐。

感冒好痛苦，晚上一邊聽阿格麗希彈巴哈，一邊和遠在義大利的 ching 聊天，講些笑話，有朋友的安慰真開心。想家了。215

# 8月18日（一）十博物館文化饗宴

salteñas

共 Bs/.10

身為 salteña 餡餅控的我，去了
香港朋友介紹的 Salteña 熱店
"El Patio"，據說是本地人吃早餐常
去的地方，要早點去，賣完就沒有了。

Arce Ravelo El Patio
San Alberto18
San Alberto

Sucre 蘇克雷 1991年被列
為世界遺產

216

如果形容波多西是活潑俏皮的村姑，那蘇克雷就是唇紅齒白的氣質美女，位在群山環抱的山間盆地裡，這裡是玻利維亞憲法認定的首都，也是著名的大學城，這裡比起之前走過的其他地方，多了文藝氣息，白牆紅瓦的街道看起來十分舒服，這裡不像玻利維亞，倒像是歐洲。今天是博物館行程，不知道為什麼，我常常想起『革命前夕的摩托車之旅』的句子：『……我這才明白到，只看一個風景區的表象，而沒有深入到它精神的背後，久了就會讓人生厭；但要深入到一個風景區的精神背後，又非得花上好幾天的時間不可。』來到玻利維亞之後，因為對它的認識不足，總有走馬看花的感覺，很想多了解一點，卻在時間與心力上都不夠用，特別是昨天去了市集之後，對蘇克雷附近的Indigenous社群的文化.編織.風俗.節慶等，很想多一層認識，所以決定上博物館充實自己。

Museo de la Recoleta
（我沒參觀這間，去了旁邊迴廊畫畫）

這個國家的博物館通常中午12:00～下午2:30是休息時間，沒看完的展覽，休息一下，下午繼續再看，中午我步行到Museo de la Recoleta旁邊的迴廊畫畫。然後在一旁的Café Gourmet mirador眺望蘇克雷風景，居高臨下，喝咖啡。217

# 博物館筆記

〈INGRESO (入口)〉

介紹 chuquisaca 丘基薩卡省的 Jalq'a 及 Yampara 文化。

- Jalq'a：主要分布於 Sucre 蘇克雷西部及北部。
- Yampara：分布於 Tarabuco 塔拉布科附近

● 文化內涵展現於生活方式,紡織.工藝.歲時祭儀
  及音樂舞蹈等方面,代代相傳。

入口處有一具線條
簡潔俐落的公用
電話(畫錯重點)
  (誤)

● 關鍵字：Pallay,是 Quecha 語,"編織"之意
  Inca Pallay 網站有豐富資料,在 www.incapalley.org

| | Jalq'a | Tarabuco |
|---|---|---|
| 服飾 | 小圓帽 斗篷 (男) 寬大褲子 / 小圓帽 小斗篷 黑色衣裙滾邊有彩色刺繡 (女) | 皮革帽(似頭盔) 條紋大斗篷 / 黑色帽子前面有串珠流蘇 斗篷 |
| 重要節慶 | Liberia：主要是根源於殖民文化的天主教節慶,8月時在 Potolo,QuilaQuila 等地舉行。 *monkeys：這是節慶中常出現的戲謔角色,戴帽子,穿彩衣,臉上塗了顏料或戴面具,喜歡惡作劇。 | Ayrichi：乾季時舉行.音樂有死亡的悲傷感,希望能喚醒宇宙對生命的保護。 Pujillay：雨季時舉行,象徵生命及財富.大家聚在 Pucara (掛滿食物的架子)旁歌舞,祈求豐收,向 Pachamama 大地之母表現敬意。 |
| 編織 | 以黑色和紅色為主,有真實的動物也有假想的動物,描寫印加世界觀三個世界(三個帕查 pacha)中的 ukhu pacha,是最下一層的黑暗神祕世界。 | 有多種色調.畫面空間分割成條狀,描述生活現實景象及真實的動植物.對稱和諧,搭配得宜。 |

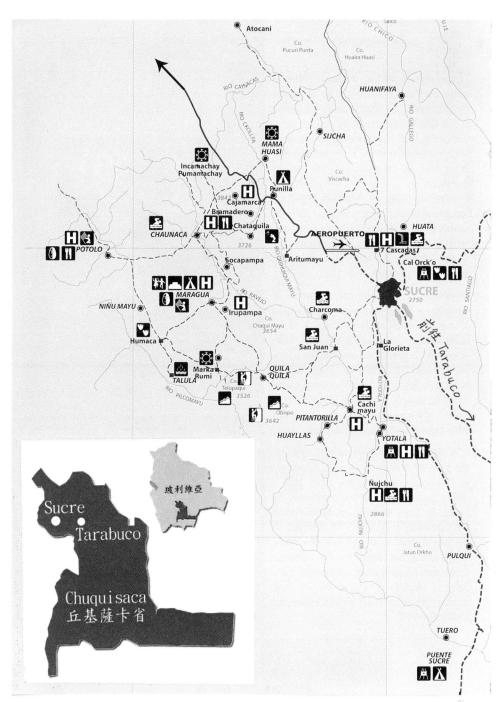

219

CHUQUISACA
Turística

...CIPIO DE SUCRE

...ISACA

織布中的當地婦女
2014. 08. 18. Peiyu

# CULTURA
# JALQ'A

今天傍晚和香港朋友相約一起去買菜做飯，地點在他們住的旅店，環境十分舒適，最吸引人的是有個很棒的廚房（喔！我真懷念我的小廚房）。他們辭職出門大旅行，已經一年三個月了，暫時落腳在蘇克雷學習西班牙文，已經邁入第三週……；辭職大旅行這件事總是會讓我想起羊，以及Yuwen她們多年前也追逐過同樣的夢想，把她們嚮往的異土走了一回，想起來就覺得格外親切……；雖說是一起買菜做晚餐，但其實都是他們在弄，我這閒人只負責吃而已，還有不斷地講話……，聊他們去過的中亞、伊朗、土耳其…等，呵～真懷念這些地方，共同話題讓我們聊得很起勁，晚餐的家鄉味，更撫慰了我因感冒而不佳的胃口。有些事情，在某些時間點沒做，過了就是過了，就不會有那樣的時機和心情再去做了，就像「大旅行」，是很多人的夢想，然而有人一輩子在原地踏步，有人多了那麼一點勇氣和堅持，將想法付諸實現，其實要戰勝的，只是自己的恐懼而已，上路了，就開始了。

（香港朋友叫我一起畫畫下來）

→ 玻利維亞政府真是幼稚，居然派人穿斑馬裝在街頭維持交通秩序，據說這個点子是從拉巴斯傳到蘇克雷的！

221

# 8月19日 (二) 在星空下跳舞

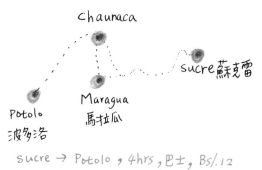

chaunaca

sucre 蘇克雷

Maragua
馬拉瓜

Potolo
波多洛

sucre → Potolo, 4hrs, 巴士, Bs/.12

Maragua 馬拉瓜和 Potolo 波多洛是昨日參觀博物館時, 旅遊諮詢中心的先生介紹給我的景點, 說這兩個小村子皆可感受 Jalq'a 文化。

昨晚, 兩位香港朋友對於我沒買票, 居然進出博物館兩次一事嘖嘖稱奇, 回旅館之後, 我比對另一張地圖, 才發現是我的旅遊指南標示錯誤, 我去的根本不是 Museo de Arte Indigena 博物館 (門票要 Bs/.22)。而是政府為推廣 Jalq'a 文化及推動觀光而創設的 Centro de Turismo Comunitario (CETUR) (Comunitary Tourism Center), 是免費的, 展覽主題和 Museo de Arte Indigena 一樣都是介紹 Jalq'a 文化和 Tarabuco 文化, 才會讓我誤以為自己是去了 Museo de Arte Indigena 博物館。諮詢中心的先生是建議我去 Maragua, 因為那兒地景美麗, 又有恐龍遺跡可看, 可是巴士無法直接抵達 Maragua, 得在 Chaunaca 下車, 再健行三小時才能到! 那位先生說運氣好可以隨手招 truck 坐, 我一時之間沒聽懂 truck 到底是什麼? 以為是一般印象中那種卡車, 那意思就是要我搭便車囉? 我決定放棄 Maragua 馬拉瓜, 直接搭巴士前往 Potolo 波多洛, 因為這樣的交通風險較小, 我也不必背著大背包健行。(查料, 前往波多洛的路是碎石路, 窄小又緊鄰懸崖深谷)

222

# 前往 Potolo 交通指南
（波多洛）

去程：① 在 Mercado Central 中央市場旁的 Av. Hernando
　　Siles 搭小巴士 **1** 或 **F**（向西方的路線），搭到 **Parada**
　　**Ravelo**，最早的一班車是 9:00 發車，車程 4 hrs. Bs/.12

回程：按當地人說法是早上 7点就有車可回蘇克雷……，另
　　外小巴士及大巴士時間眾說紛云沒個準（也有可
　　能是我不會西文，雞同鴨講！）。唯一可靠的是下午
　　2:00 有大巴士可回蘇克雷，大家異口同聲這樣說！

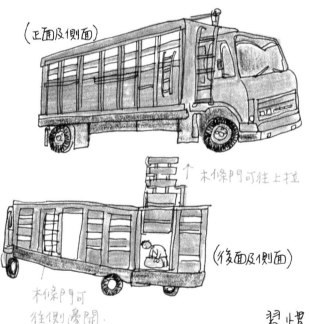

（正面及側面）

↑ 木條門可往上拉

（後面及側面）

木條門可
往側邊開．

直到到了搭車現場，才
明白什麼叫做 "truck"？
除了大巴士之外，現場還停
了好幾輛卡車，分別前往
不同的目的地，那卡車有
著三面圍起來的護欄.
護欄高度比人還高，可
以載人、牲畜、和貨物，
剛看到時，覺得很不
習慣，因為人像牲畜一樣被關
在裡面，但仔細想之，其實對偏遠的村子而言，這種交通工具
才真正實用.因為販售牲畜、搬運建材、家具、作物等，都需要較
大的空間裝載，所以在玻利維亞鄉下，這種交通工具是
很方便的。

223

抵達Potolo 波多洛，經村民指點，順利找到唯一的旅館，是旅館而非民宿。管理者住在三個街區之外，房間舒適還附廚房，想吃東西得自煮。

喝湯中

正在準備煙火材料

chicha奇恰酒

看起來喜氣洋洋的棚子

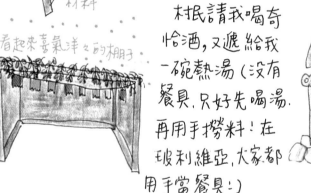

傍晚去田邊散步，突然看到有個漂亮的棚子，村民正在整理面具及色彩鮮豔的道具服，婦女則攪著一大鍋湯。

村民請我喝奇恰酒，又遞給我一碗熱湯（沒有餐具，只好先喝湯，再用手撈料！在玻利維亞，大家都用手當餐具:)

村民說他們八點半要上山舉行慶典儀式，要戴面具跳舞，問我要不要參加？我火速回旅館拿頭燈及指南針，並記下旅館路口的特徵標的物（怕半夜摸黑找不到路！），就尾隨著吹著排簫，敲鑼打鼓的樂隊上山，遠方小山頂已隱然點上了燈火，走近時才發現村民已經聚集等待了。

224

樂隊

一邊旋轉一邊綻放
美麗璀璨的煙火

火堆

總覺得這場盛宴，
是準備好，等我來似地，
不在預期之內的，
總是最美。

攤販

紙箱
→當桌子

戴著面具的舞者圍成圈圈跳舞，
群眾也漸漸加入，我打開頭燈
環顧四周，想看清楚到底現場
有多少人？結果頭燈卻讓我成為
現場最閃亮的焦點，不斷地有人
請我跳舞喝飲料（我真蠢，居然
打開頭燈！），深夜兩點，大家仍
興致不減，累趴的我跟著樂隊
走回村子，憑記憶摸黑回旅館。

225

# 8月20日(三) 面具速寫

雖然昨晚熬夜，但我還是
儘量早起，希望可以早點搭
上車回蘇克雷，但動作慢
吞吞的我，居然錯過早上十
點鐘的 truck（裡面還載
了一頭黑毛豬），我只好像個
傻瓜般在教堂廣場，坐在
自己的行李上，所有來往的
車子都會經過廣場，我期待
有其他的 truck 可以載我一程，
希望晚上七點以前可以回蘇
克雷，這樣我才趕得上七點
開往拉巴斯的夜間巴士。

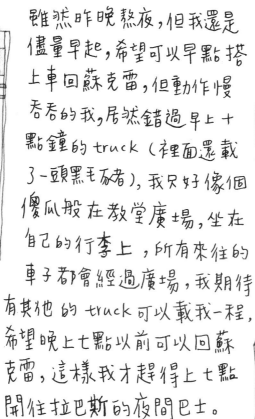

POTOLO POLICIA NACIONAL

226

大約十二點時，有個女生跑來問我是不是要去蘇克雷，說有一輛小巴士要發車，我就這樣和當地人一起擠上小巴士，同車的村民都對我這個台灣人很好奇，有好風景會很熱心地指給我看，4小時的漫長拉車時光，就在一聲聲的 "mira !"（看！）之中度過。路況很差，但風景很美麗。

老鷹

抵達蘇克雷之後，同車的村民幫我叫計程車，送我到長途巴士站，順利買到七點半前往拉巴斯的巴士票，我將行李寄放在巴士站，進蘇克雷市中心去覓食。

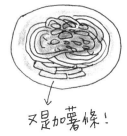

又是加薯條！

義大利肉醬麵，Bs/.10，在菜市場攤位吃的，這裡的米很細長，吃起來粉粉的、沒彈性，我不喜歡，所以，點食物時，對方問我：

con arroz？（con 是 "with" 的意思, arroz 則是 "rice"）
米
con pasta？（pasta 是義大利麵）

我現在都直接說我要 Pasta！

距離搭巴士時間還有3小時，我決定善加利用時間，去參觀一個面具博物館，香港朋友介紹的！而且免費！（我是節省的 Peiyu！），昨晚參加了那星光下的面具 party，讓我對玻利維亞別具特色的面具產生興趣，雖然我看不懂西文，但光是欣賞那些面具的藝術之美，就讓我陶醉不已。

227

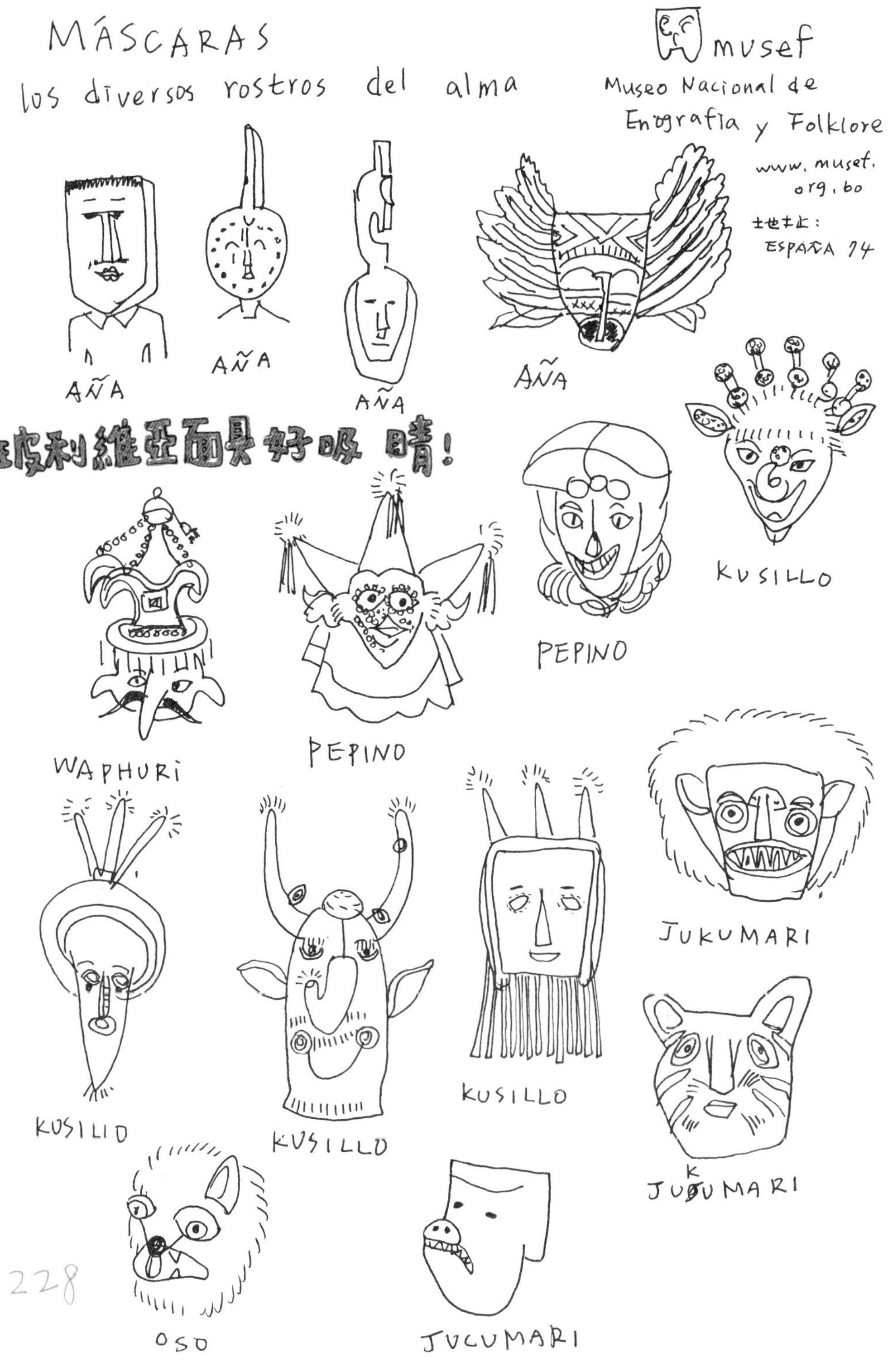

# MÁSCARAS
los diversos rostros del alma

musef
Museo Nacional de
Enografia y Folklore
www. musef.
org. bo
土世土止:
ESPAÑA 74

AÑA

AÑA

AÑA

AÑA

玻利維亞面具好吸 晴!

KUSILLO

WAPHURI

PEPINO

PEPINO

KUSILLO

KUSILLO

KUSILLO

KUSILLO

JUKUMARI

JUBUMARI

228

OSO

JUCUMARI

AÑA NDÉCHI
NDÉCHI

OSO

TAMUCUMIRA

TORITO

OVEJO

LUNA

ANGELITO

PUSIMIRA

不能拍照，只好畫下來！

TORITO WACANA

JAPUTUQUI

CIERVO

SOL

ICHINISIRI

CHIVO

TORITO
WACANA

229

ZOOMORFAS

ZOOMORFAS

ZOOMORFAS

ACHU 但沒時間塗顏色！

ELEFANTE

CAR CAPORRAL

GATO

AUQUI AUQUI

VENADO

CONDENADO

ABUELO

戴上面具,就好
像成為另一個人,
好像就可以
做平常不敢做
的事。

MORENO

DIABLO

230

MATADOR
KAISILLA

# 8月21日(四) 巴士長征之旅

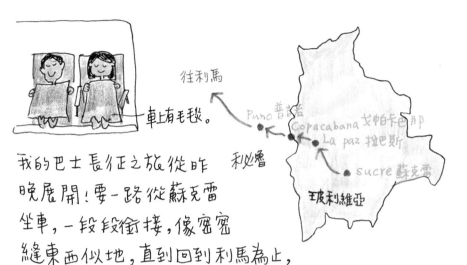

車上有毛毯。

往利馬

Puno普諾
Copacabana 戈帕卡巴那
La paz 拉巴斯
sucre 蘇克雷

利必魯

玻利維亞

我的巴士長征之旅從昨晚展開！要一路從蘇克雷坐車,一段段銜接,像縫縫綴東西似地,直到回到利馬為止,

我不知道要花上多少時間,我只祈求路途安全順利,不要有什麼示威抗議的『斷路』事件(把路封起來禁止通行),有個法國背包客和我用了同樣品牌的背包,而且座位剛巧在一起,坐在第一排的好處就是空間很大,而且經過多次坐在第一排的訓練,我已經不畏懼那樣的高度了。我和法國背包客蓋著巴士公司提供的毛毯,把腳擱在擋風玻璃上,閒聊打發時間,睡一覺醒來,到拉巴斯了。法國背包客知道我要前往邊境,為我介紹另外兩名法國背包客,和我一起搭計程車去轉車,如果沒有他們陪我壯膽坐計程車,我可能要浪費很多時間,其實拉巴斯有直達秘魯的巴士,但我決定自己一段段搭,到普諾再看看有無去Nazca納斯卡的車,也許可順道去搭小飛機看納斯卡線條,然而在普諾時,我赫然發現自己搞錯回台班機時間,嚇得我立刻搭上前往首都利馬的巴士。

# 8月22日 (五)　終於回到利馬

## 巴士長征之旅時間統計表

玻利維亞
- ◉ Sucre 蘇克雷
  - ↓ 12小時，Bs/. 180
- ◉ La Paz 拉巴斯
  - ↓ 4小時，Bs/. 20
- ◉ Capacopana 戈帕卡巴那
  - ↓ 20分鐘. Bs/. 3
- ◉ kasani 卡杉尼

利必魯
- ◉ Puno 普諾
  - ↓ 2小時，S/. 10
- ◉ Lima 利馬
  - ↓ 24.5小時，S/. 110

總共，將近
43小時，坐到
我腦袋空空、
屁股要開花了。

儘管在puno普諾轉車時，時間有點急迫，我仍偷空搭三輪車進城，去龍騰飯店吃一盤炒河粉，老闆及老闆娘對於我消失一段時間跑去玻國旅行一事嘖嘖稱奇，說我好大的膽子，並叮嚀我小心財物，說這幾週有好多人包包被偷，謝過他們之後，我去網咖上網預訂利馬的旅館。從普諾回利馬幾近一天的車程，大部份的時間我都在睡（睡時把背包的背帶綁在小腿上，以防被偷），醒著的時候就看著泛美大道左側的太平洋發呆，我十分憂心回到利馬時是深夜，車站所在是不太安全的維多利亞區，所幸在巴士上結識了英文流利的派翠西亞，她在拉巴斯當廚師，要回利馬省親並參加親友的婚禮，一路上她非常照顧我，抵達利馬時已經很晚了，她先幫我打電話給旅館的Jannet報平安，再和家人一起開車

232　送我去位於Miraflores米拉弗洛雷斯區的旅館，陪我進門check in才離開，多虧了他們幫忙，不然我不知該怎麼辦。

# 8月23日(六) 伴手禮大血拚

舒服地睡飽飽醒來，舒服地刷牙，身體是乾淨的，衣服也是乾淨的，下樓就有早餐吃，真有種回到人間的感覺！而且，因為旅費還有剩，我在這個城市最重要的事，就是努力地花錢，把錢揮霍掉！努力大吃大喝。

這是人間

不是天堂

馬上預約了明天去機場的計程車，錢還有剩，我何必辛苦地搭巴士呢！

祕魯的東西好好吃，真煩惱不知該吃什麼好？今天週六，很多商店、餐廳都沒營業，我決定坐車去 Lima Centro(利馬舊城區)的 Mercado Central (中央市場)買伴手禮，順道去旁邊的 Barrio Chino(唐人街)打牙祭。

擠檸檬汁

ceviche
檸檬汁生醃海鮮

S/. 2

免洗餐具

回到以海鮮料理聞名的利馬，當然一定要再吃 ceviche，先來一盤 ceviche，然後再來一碗 Caldo de Gallina 雞湯麵。

麥麵條

雞雜

(味精放太多，我吃了頭暈～)

蛋

Caldo de Gallina

S/. 5

233

馬鈴薯片　地瓜片　香蕉片

油鍋

炸得酥脆
的地瓜片，一
份 s/.1
（我開始亂
吃了！）

Café con
leche
s/. 2.5

再去中央市場喝
杯咖啡牛奶！
s/. 2.5。還有布丁

烤布丁 s/. 1.5

唐人街中國餐廳

MIN PAU
CHANCHO
s/. 3.5

包子叫做
MIN PAU（麵包）

SIUMAY
s/. 4.00

燒賣

（用竹籤串
起來）

一路亂吃，以至
於抵達唐人街時，
我根本吃不下任何東西，望著
櫥窗裡的烤鴨、燒肉，只能
忍痛說抱歉了！
上市場買了3公斤咖啡豆（我
瘋了，但其實我想買更
多回家！）

老闆，
我要3
公斤咖
啡豆！

Caracoillo　POLACO　PERGAMA　MOCA
s/. 40　s/. 28　s/. 24　s/. 21

234 （中央市場裡的咖啡豆專賣店）

**LUCUMA DE SEDA**

1公斤 S/.12

昨天，派翠西亞說冰淇淋裡面加的一種叫 LUCUMA 的水果，剛好在市場看到，我買了半公斤，沒想到這種水果果肉像蛋黃，且完全沒水份，簡直是惡夢，

我只好去買一瓶草莓優酪乳，一口 Lucuma 搭配一口優酪乳，才勉強吞下去，這世上還有飢餓的人，東西再怎麼難吃，也不可隨便地、輕易地丟棄 😣，我勉為其難地全部閉著眼睛吞完。

這水果是用來懲罰人的吧！

lucuma
优酪乳

yogurt GLORIA
fresa
bebible
草莓
草莓优酪乳

## 書店戰利品

買了一本 Quinoa（藜麥）食譜，書好貴喔！有一本咖啡書，從上次來我就超想買，前後在書店翻了超過十次，圖片十分吸引我，可是內容是西文，且精裝本超貴，考慮了很久，還是放下了（但重要地名，我硬記在腦子裡面了！）（畢竟我是聰明的 Peiyu！）

COOKING WITH QUINOA
The Supergrain
RENA PATTEN

S/.97

## 市場戰利品

Polaco 咖啡豆 3公斤. 分6包.
每公斤 S/.28

咖啡濾壺
S/.15
（唉～這是我第 N 個咖啡壺了，我一定是中邪了，一直買。）

235

煮 Mate
(藥草茶的材料包!)

請朋友吃手作秘魯大餐後,十分需要來一杯 Maté 茶呀!

每包 S/.0.5
買了兩包!

煮湯用的香料 2包,每包 S/.0.5
(請朋友吃大餐前,每人發一碗美味的湯!)

chuño
馬鈴薯乾
(其實拿來煮湯很不賴!)

一公斤 S/.12.
我買了半公斤

Quinoa 藜麥
每公斤 S/.20.我買了半公斤,想拿來做沙拉.

名牌套.....呃.因為我的行李吊牌不見了,且我可能要啟用備用的袋子打包行李(買太多東西了!)所以買名牌套充當行李吊牌!一個 S/.0.5,買這個

名牌套時,我比手劃腳卻說不清楚,後來是斜對面店家的華人主動來幫我用西文問,他們來自浙江,在唐人街開百貨行,母子倆對於我不會西文,居然旅行了兩個月,嘖嘖稱奇。聽我抱怨玻利維亞食物難吃,他們說全南美就數秘魯的東西最好吃!他們叮嚀我,在利馬務必小心人身財物安全,不要隨便搭計程車,因為這裡的貧富懸殊,若碰到起貪念的壞人就糟了。

在 Iglesia de las Nazarenas 附近有
賣名產 Manjar Blanco (牛奶糖或牛

236 奶凍)的店家,我買了一盒。

事後才知它可當成抹醬來使用!
S/.9

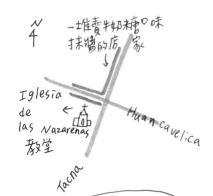

一堆賣牛奶糖口味抹醬的店家

Iglesia de las Nazarenas 教堂

Huancavelica

Tacna

從 Plaza de Armas 武器廣場向西走，在左圖橫線部分，可看到賣 Manjar Blanco 的店家，這種牛奶糖(凍)超甜，我打算把它做成其他甜點。(事後得知這是獨特秘魯口味)

連甜點都考慮到了，真細心！

在街頭小店買了秘魯財神爺 Ekeko 的陶偶，這也是當地人的安家神，希望祂保祐我賺大錢，拜託！

Ekeko 一臉開心，身上掛滿東西。

菸

假美金紙鈔

S/. 7

## plaza vea 超市戰利品

一種 Huancaina 奶油醬汁調理包，要淋在馬鈴薯上給客人吃。

×3
S/. 1.7

一種從 huarango (carob) 樹提煉的糖漿，果汁店都有使用。我要用它來調製 algarrobina 調酒，請朋友吃完飯，每個人發一杯，小酌一番。

2×
S/. 9.2

大顆的油炸玉米。做 ceviche 生醃海鮮時加的，ceviche 要當成宴客前菜心

1×
S/. 4.59

古柯茶茶包，一盒 25 包，架上有 10 盒，我全掃了！屆時我教的四個班級學生，每人獲得一小包。

10×
S/. 1.79

印加可樂一出超市就被我喝掉了。

S/. 1.85  237

# 8月24日(日) 回家

今天要回台灣了，半夜的飛機，白天還是別跑太遠比較好（我好懶得動～），步行到離旅館不遠的 Óvalo Gutiérrez (Ovalo是圓環的意思)，那裡有

幾間外文書店、星巴克、還有 Wong 購物中心……，以及麥當勞。

"Wong"購物中心，一看名字就知道是華人開的，華人黃業生從中國渡海來台，勤勉工作，後經營小雜貨鋪，注重子女教育，子女在各領域皆有所成，發揮所長，跨足米糧、油…等商品之製造銷售等，家族企業旗下有針對不同階層的超市購物中心，Wong 購物中心是針對收入較高的族群，來到這裡，特別感受到秘魯貧富差距之大，我仔細比較昨天在 Plaza Vea 購買過的商品售價，有些居然足足高出一倍，然而那些前來購物的民眾，依舊面不改色地推著滿滿的購物車結帳，這些收入屬金字塔頂端的民族多數是歐洲白人後裔。我啥東西也沒買，原本想買的巧克力貴得令人咋舌不已，我決定傍晚去 Metro 超市買些巧克力帶回台灣，Metro 也是黃家的旗下物業，是屬於針對一般大眾的平價超市。

我考慮著究竟要去喝星巴克咖啡還是吃麥當勞？星巴克咖啡及大麥克指數是每次出國衡量該地物價水平的標準，我很好奇一份大麥克套餐在這裡賣多少？

最後，上麥當勞點大麥
克套餐，一份售價 S/. 13.5
若比對秘魯廣土眾民的
生活水準，這樣
的售價偏高，
但這一區是全

S/. 13.5

↑麥當勞居然可收到
誆的免費wifi

飲料我搭配印加可樂．
我覺得我被印加可樂催眠了！

利馬生活水準最高的 Miraflores 米拉弗洛雷斯區，住的全
是有錢人，對有錢人而言，這樣的售價應該沒什麼吧！
散步回Parque kennedy（kennedy公園），打算看看假日畫市，去
酒吧喝杯調酒，看看灰灰的太平洋，散步著，才發現今天
Av. Arequipa 封路，讓民眾在上頭騎腳踏車、溜直排輪，
看著眼前這幅假日歡愉的景象，再對照這段時間以來深
印在腦海中的種種秘魯印象，真有著天與地的差別。

貧富差距太大了。

又去亂買東西了！

Metro超市
購物袋

Aderezo
Adobo

做菜用的醬
汁調理包．

S/. 7.9

VIZZIO
Costa

巧克力糖 2× S/. 5.59

DI Peruglia
chocolates filled
with cream Lucuma

加了 Lucuma 水果的
巧克力糖 1× S/. 13.5

SOL
DEL CUSCO

12 × S/. 1.55

煮熱巧克力的
黑巧克力塊，直接
買一打，真豪氣

CLUB SOCIAL CLUB SOCIAL CLUB SOCIAL

蘇打餅 S/. 2.99

要帶上飛機吃的．

239

去靠近海邊的酒吧喝 pisco sour, 酸酸甜甜的味道, 家人
傳了簡訊來, 提及花台遮雨棚的修繕事宜, 讓
我意識到自己真的馬上
要回家了; 我在夜裡搭
計程車到機場, 深夜
的利馬街道安靜無人.
神秘而不可測, 機場
則人聲鼎沸像另一個世
界, 這其實是一趟在安全
範圍內的旅行, 因為最終的歸處
是一家; 在歷經將近一日的飛行,
離開寒冷的南半球, 回到地球背
面, 酷暑盛夏的台灣, 回家真好。

調酒:
pisco酒.
檸檬汁.
冒

pisco sour
秘魯國飲
S/.12

AMERICAN AIRLINES ①
BOARDING PASS
NAME OF PASSENGER

CHANG/PEIYUMS
X/OX FROM 1559144232
LIMA 秘魯利馬 → 美國達拉斯
DALLAS FT WORTH
AMERICAN AIRLINES
CARRIER  FLIGHT          CLASS  DATE          TIME
REVALIDATION 88    V   25AUG140A
GATE      BOARDING TIME      SEAT          SMOKE
21       1255A                16C  NO
ADDITIONAL SEAT INFORMATION
PCS.   CK.WT.   UNCK. WT.   SEQ. NO.   PCS.   UNCK. WT.     GROUP
                                                            5
BAGGAGE ID NR.
COUPON  AIRLINE       FORM/SERIAL NO.              CK

4NS  /LIM

**AmericanAirlines** ②
BOARDING PASS
NAME OF PASSENGER
CHANG/PEIYUMS
CX  1559144232  美國達拉斯 → 日本東京
X/O  FROM
DALLAS FT WORTH
X/O  TO
TOKYO NARITA
AMERICAN AIRLINES

CARRIER  FLIGHT          CLASS  DATE          TIME
AA  175       V   25AUG1025A
REVALIDATION

GATE      BOARDING TIME      SEAT          SMOKE
D23       945A                32A  NO
ADDITIONAL SEAT INFORMATION
PCS.   CK. WT.   UNCK. WT.   SEQ. NO.    PCS.    UNCK. WT.   GROUP
                                                            4
BAGGAGE ID NR.
COUPON  AIRLINE       FORM/SERIAL NO.              CK

MS5   /DFW

CATHAY PACIFIC

CHANG/PEIYUMS       ET
                   ③

NARITA TOKYO
        日本東京 → 台北
TAIPEI

CX451       26AUG14

3N:  144       DEP:1550

| FIRST CLASS | BUSINESS CLASS | Economy Class |
|---|---|---|
|  |  | 44C |

參觀筆記

# 吃喝行程

_____

_____

_____

_____

_____

_____

_____

_____

小檔案

優遊‧Life & Leisure

# 秘魯‧玻利維亞手繪旅行

2015年5月初版　　　　　　　　　　　　定價：新臺幣390元
有著作權‧翻印必究
Printed in Taiwan.

| 著　　　者 | 張　佩　瑜 |
| 發　行　人 | 林　載　爵 |

| 出　版　者 | 聯經出版事業股份有限公司 | 叢書主編 | 林　芳　瑜 |
| 地　　　址 | 台北市基隆路一段180號4樓 | 叢書編輯 | 林　蔚　儒 |
| 編輯部地址 | 台北市基隆路一段180號4樓 | 封面完稿 | 蔡　婕　岑 |

叢書主編電話　(02)87876242轉221
台北聯經書房：台北市新生南路三段94號
電　　　話：(02)23620308
台中分公司：台中市北區崇德路一段198號
暨門市電話：(04)22312023
台中電子信箱　e-mail：linking2@ms42.hinet.net
郵政劃撥帳戶第0100559-3號
郵撥電話：(02)23620308
印　刷　者　文聯彩色製版印刷有限公司
總　經　銷　聯合發行股份有限公司
發　行　所：台北縣新店市寶橋路235巷6弄6號2樓
電　　　話：(02)29178022

行政院新聞局出版事業登記證局版臺業字第0130號

本書如有缺頁，破損，倒裝請寄回聯經忠孝門市更換。　ISBN　978-957-08-4562-4 (平裝)
聯經網址：www.linkingbooks.com.tw
電子信箱：linking@udngroup.com

國家圖書館出版品預行編目資料

**秘魯・玻利維亞手繪旅行**/張佩瑜著 .
初版 . 臺北市 . 聯經 . 2015年5月（民104年）. 256面 .
16.5×21.5公分（優遊・Life & Leisure）
ISBN 978-957-08-4562-4（平裝附光碟）

1.旅遊 2.秘魯 3.玻利維亞

758.29 104006769

# 藍月莊園 Château de la Lune Bleue

十年3600多個日子以來，壁爐與家族的連結還是縈繞心頭。
來此不妨將心靈放空，忘卻平常城市與工作的喧囂繁忙，
自由的漫步在全長7.8公里的腳踏車步道，將壓力盡情釋放，
再享用一頓藍月用心為您準備的料理，享受一場味覺的旅行。

手工披薩/風味義大利麵/精緻排餐/義大利燉飯/手工冰淇淋
地址:桃園縣龍潭鄉金龍路590巷77號
電話:03-4703558
粉絲團:https://www.facebook.com/bluemoonmanor

# 慕朵咖啡市集
## Moon Deer Roastery

如果說每個值得紀念的當下，都是一片片的黑膠唱片，
那咖啡就像是唱針，
每品嚐一口，記憶就會迴盪在周遭的空氣裡....

與原產地配合直接進口的咖啡生豆，
除了能夠確保品質外，更能照顧到世界各地的農民。
其中的shade-grown(樹蔭生長) 咖啡，更是保護
了生態原始的環境，與地球這塊珍貴的土地共存
共榮。
慕朵提供現場烘焙的新鮮咖啡，了解每位客人的喜好，
並貼心的提供客製化服務，更為了因應現在人
忙碌的需求，提供製作成掛耳包的服務。
不定時舉辦各種Cupping試飲活動，
也歡迎愛喝咖啡的你，過來免費品嚐
來自各個國家的精品咖啡。

地址:台北市忠孝東路4段553巷22弄21號
電話:02-2756 8777
臉書專頁:
www.facebook.com/moondeer21